# 2017年全国专利代理人资格考试试题解析

中华全国专利代理人协会　编著

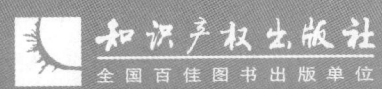

图书在版编目（CIP）数据

2017年全国专利代理人资格考试试题解析/中华全国专利代理人协会编著. —北京：知识产权出版社，2018.4（2018.10重印）（2019.4重印）（2019.8重印）（2019.10重印）

ISBN 978-7-5130-5524-6

Ⅰ. ①2… Ⅱ. ①中… Ⅲ. ①专利—代理（法律）—中国—资格考试—题解 Ⅳ. ①D923.42-44

中国版本图书馆CIP数据核字（2018）第072769号

内容提要

本书对2017年全国专利代理人资格考试各科试题进行了分析说明，方便广大考生复习、备考。

责任编辑：胡文彬　　　　　　　　责任校对：谷　洋
装帧设计：麒麟轩设计　　　　　　责任印制：刘译文

## 2017年全国专利代理人资格考试试题解析

2017 Nian Quanguo Zhuanlidailiren Zige Kaoshi Shiti Jiexi

中华全国专利代理人协会　编著

| | | | |
|---|---|---|---|
| 出版发行 | 知识产权出版社有限责任公司 | 网　　址 | http://www.ipph.cn |
| 社　　址 | 北京市海淀区气象路50号院 | 邮　　编 | 100081 |
| 责编电话 | 010-82000860转8116 | 责编邮箱 | wangruipu@cnipr.com |
| 发行电话 | 010-82000860转8101/8102 | 发行传真 | 010-82000893/82005070/82000270 |
| 印　　刷 | 三河市国英印务有限公司 | 经　　销 | 各大网上书店、新华书店及相关专业书店 |
| 开　　本 | 889mm×1194mm 1/16 | 印　　张 | 9 |
| 版　　次 | 2018年4月第1版 | 印　　次 | 2019年10月第5次印刷 |
| 字　　数 | 210千字 | 定　　价 | 30.00元 |
| ISBN 978-7-5130-5524-6 | | | |

出版权专有　　侵权必究

如有印装质量问题，本社负责调换。

# 前　言

目前，2018年全国专利代理人资格考试的准备工作已经全面展开了。为了帮助参加2018年全国专利代理人资格考试的应试人员更好地进行复习，中华全国专利代理人协会组织编写了《2017年全国专利代理人资格考试试题解析》一书。本书按照专利法律知识、相关法律知识、专利代理实务三个科目的先后顺序进行编排。对于专利法律知识和相关法律知识两个科目，除给出每道试题的题目及答案之外，还在知识点部分指出了试题涉及的重要概念和出题知识点，在解析部分对每道试题的各个选项进行了具体分析，指出法律依据并说明了推理、判断过程。对于专利代理实务科目，则是在提供2017年度考试试题的基础上，对答题要点进行了说明并给出参考答案。

希望本书的出版对应试人员的复习、备考能够有所裨益。由于时间和水平有限，本书的疏漏或不当之处在所难免，敬请读者指正。

中华全国专利代理人协会

2018年3月

# 目 录

专利法律知识 …………………………………………………………… (1)

相关法律知识 …………………………………………………………… (61)

专利代理实务 …………………………………………………………… (113)

 专利代理实务考试试卷 ……………………………………………… (115)

 2017年专利代理实务题答题要点及参考答案 …………………… (127)

# 专利法律知识

## 答题须知：

1. 本试卷共有 100 题，每题 1.5 分，总分 150 分。
2. 本试卷要求应试者在机考试卷上选择答案。
3. 本试卷所有试题的正确答案均以现行的法律、法规、规章、相关司法解释和国际条约为准。

一、单项选择题（每题所设选项中只有一个正确答案，多选、错选或不选均不得分。本部分含 1—30 题，每题 1.5 分，共 45 分。）

1. 下列哪个机关依法具有处理侵犯专利权纠纷的职能？
   A. 省、自治区、直辖市人民政府设立的管理专利工作的部门
   B. 县人民政府设立的管理专利工作的部门
   C. 设区的市人民政府
   D. 国家知识产权局

【答案】A

【知识点】地方管理专利工作的部门及其主要职能

【解析】《专利法》第六十条规定，未经专利权人许可，实施其专利，即侵犯其专利权，引起纠纷的，由当事人协商解决；不愿协商或者协商不成的，专利权人或者利害关系人可以向人民法院起诉，也可以请求管理专利工作的部门处理。……《专利法实施细则》第七十九条规定，专利法和该细则所称的管理专利工作的部门，是指由省、自治区、直辖市人民政府以及专利管理工作量大又有实际处理能力的设区的市人民政府设立的管理专利工作的部门。由此可知，选项 A 正确。

综上，本题正确答案为：A。

2. 2015 年 11 月 10 日，张某与甲电子技术公司终止了劳动合同，之后，张某于 2016 年 12 月 8 日作出了一项与其在甲电子技术公司的本职工作相关的发明创造。那么就该发明创造申请专利的权利属于谁？
   A. 甲公司
   B. 甲公司和张某
   C. 张某
   D. 由甲公司和张某协商决定

【答案】C

【知识点】职务发明创造的判断

【解析】《专利法》第六条第一款、第二款规定，执行本单位的任务或者主要是利用本单位的物质技术条件所完成的发明创造为职务发明创造。职务发明创造申请专利的权利属于该单位；申请被批准后，该单位为专利权人。非职务发明创造，申请专利的权利属于发明人或者设计人；申请被批准后，该发明人或者设计人为专利权人。

《专利法实施细则》第十二条第一款规定，专利法第六条所称执行本单位的任务所完成的职务发明创造，是指：（一）在本职工作中作出的发明创造；（二）履行本单位交付的本职工作之外的任务所作出的发明创造；（三）退休、调离原单位后或者劳动、人事关系终止后1年内作出的，与其在原单位承担的本职工作或者原单位分配的任务有关的发明创造。本题中，尽管张某离开甲电子技术公司后作出了与其在甲电子技术公司的本职工作有关的发明创造，但是其已经离开该公司1年以上，所以该发明创造不属于职务发明创造，就其申请专利的权利不属于甲电子技术公司，而应属于发明人张某。由此可知，选项C正确。

综上，本题正确答案为：C。

3. 王某拥有一项实用新型专利权，2017年5月5日，王某和张某签订了专利权转让合同，但没有到国家知识产权局进行登记。此后，王某又于2017年7月3日与刘某签订了专利权转让合同，并于2017年7月14日到国家知识产权局进行了登记。2017年8月1日国家知识产权局对该项专利权的转让进行了公告。那么下列哪个说法是正确的？

A. 该专利权的转让自2017年5月5日起生效
B. 该专利权的转让自2017年7月3日起生效
C. 该专利权的转让自2017年7月14日起生效
D. 该专利权的转让自2017年8月1日起生效

【答案】C

【知识点】专利权转让生效的条件

【解析】《专利法》第十条第三款规定，转让专利申请权或者专利权的，当事人应当订立书面合同，并向国务院专利行政部门登记，由国务院专利行政部门予以公告。专利申请权或者专利权的转让自登记之日起生效。由此可知，选项C正确。

综上，本题正确答案为：C。

4. 张某向国家知识产权局提交了一项发明专利申请，2017年7月4日，国家知识产权局向张某发出了授予发明专利权通知书，2017年8月4日，张某到国家知识产权局办理了登记手续，同日国家知识产权局对其专利权进行了登记，并于2017年8月17日进行了公告，2017年8月24日，张某收到了国家知识产权局颁发的专利证书。那么，张某的专利权应当自何时生效？

A. 2017年7月4日
B. 2017年8月4日
C. 2017年8月17日

D. 2017年8月24日

【答案】C

【知识点】专利权的生效时间

【解析】《专利法》第三十九条规定，发明专利申请经实质审查没有发现驳回理由的，由国务院专利行政部门作出授予发明专利权的决定，发给发明专利证书，同时予以登记和公告。发明专利权自公告之日起生效。由此可知，选项C正确。

综上，本题正确答案为：C。

5. 下列哪个说法是正确的？
   A. 年满60周岁的专利代理人，不能作为合伙人或股东发起设立新专利代理机构
   B. 从事过一年以上的科学技术工作或者法律工作的中国公民，可以申请专利代理人资格
   C. 对年龄超过70周岁的人员，不能颁发专利代理人执业证
   D. 未满18周岁的中国公民，可以申请专利代理人资格

【答案】C

【知识点】申请专利代理人资格的条件　申请专利代理人执业证的条件和程序

【解析】《专利代理管理办法》第五条规定，专利代理机构的合伙人或者股东应当符合下列条件：（一）具有专利代理人资格；（二）具有2年以上在专利代理机构执业的经历；（三）能够专职从事专利代理业务；（四）申请设立专利代理机构时的年龄不超过65周岁；（五）品行良好。由此可知，选项A错误。《专利代理条例》第十五条规定，拥护中华人民共和国宪法，并具备下列条件的中国公民，可以申请专利代理人资格：（一）18周岁以上，具有完全的民事行为能力；（二）高等院校理工科专业毕业（或者具有同等学历），并掌握一门外语；（三）熟悉专利法和有关的法律知识；（四）从事过2年以上的科学技术工作或者法律工作。由此可知，选项B、D错误。《专利代理管理办法》第二十一条规定，颁发专利代理人执业证应当符合下列条件：（一）具有专利代理人资格；（二）能够专职从事专利代理业务；（三）不具有专利代理或专利审查经历的人员在专利代理机构中连续实习满1年，并参加上岗培训；（四）由专利代理机构聘用；（五）颁发时的年龄不超过70周岁；（六）品行良好。由此可知，选项C正确。

综上，本题正确答案为：C。

6. 专利代理人李某在代理过程中未履行职责，给委托人造成了经济损失，那么下列哪个说法是正确的？
   A. 由李某所在的代理机构承担赔偿责任，李某无需承担赔偿责任
   B. 由李某承担赔偿责任，其所在的代理机构无需承担赔偿责任
   C. 李某所在的代理机构承担赔偿责任后，可以按一定比例向李某追偿
   D. 李某的行为情节严重的，由其所在的专利代理机构给予批评教育

【答案】C

【知识点】对专利代理人和专利代理机构的惩罚

【解析】《专利代理条例》第二十五条规定，专利代理人有下列行为之一，情节轻微的，由其所在的专利代理机构给予批评教育。情节严重的，可以由其所在的专利代理机构解除聘任关系，并收回其《专利代理人工作证》；由省、自治区、直辖市专利管理机关给予警告或者由中国专利局给予吊销《专利代理人资格证书》处罚：（一）不履行职责或者不称职以致损害委托人利益的；（二）泄露或者剽窃委托人的发明创造内容的；（三）超越代理权限，损害委托人利益的；（四）私自接受委托，承办专利代理业务，收取费用的。前款行为，给委托人造成经济损失的，专利代理机构承担经济赔偿责任后，可以按一定比例向该专利代理人追偿。根据上述规定可知，选项A、B、D错误，选项C正确。

综上，本题正确答案为：C。

7. 代表人可以代表全体申请人在国家知识产权局办理下列哪种手续？
   A. 提出专利申请
   B. 委托专利代理
   C. 转让专利申请权
   D. 答复补正通知书

【答案】D

【知识点】代表人的权利

【解析】《专利审查指南2010》第一部分第一章第4.1.5节中规定，除直接涉及共有权利的手续外，代表人可以代表全体申请人办理在专利局的其他手续。直接涉及共有权利的手续包括：提出专利申请，委托专利代理，转让专利申请权、优先权或者专利权，撤回专利申请，撤回优先权要求，放弃专利权等。直接涉及共有权利的手续应当由全体权利人签字或者盖章。由此可知，本题中，选项A、B、C所述的提出专利申请、委托专利代理、转让专利申请权三种手续均需要全体申请人签字或盖章才能办理，选项D所述的答复补正通知书可以由代表人办理，故选项D正确。

综上，本题正确答案为：D。

8. 关于申请日的确定，以下说法正确的是？
   A. 向国家知识产权局受理处窗口直接递交的分案申请，以收到日为申请日
   B. 通过邮局邮寄递交到国家知识产权局受理处的专利申请，以寄出的邮戳日为申请日
   C. 通过速递公司递交到国家知识产权局受理处的专利申请，以寄出的邮戳日为申请日
   D. 通过邮局邮寄到国家知识产权局收发室的专利申请，以收发室收到日为申请日

【答案】B

【知识点】申请日的确定

【解析】《专利法》第二十八条规定，国务院专利行政部门收到专利申请文件之日为申请日。如果申请文件是邮寄的，以寄出的邮戳日为申请日。《专利审查指南2010》第五部分第

三章第2.3.1节（3）规定，通过邮局邮寄递交到专利局受理处或者代办处的专利申请，以信封上的寄出邮戳日为申请日。通过速递公司递交到专利局受理处或者代办处的专利申请，以收到日为申请日。邮寄或者递交到专利局非受理部门或者个人的专利申请，其邮寄日或者递交日不具有确定申请日的效力，如果该专利申请被转送到专利局受理处或者代办处，以受理处或者代办处实际收到日为申请日。分案申请以原申请的申请日为申请日，并在请求书上记载分案申请递交日。故选项A、C、D错误，选项B正确。

综上，本题正确答案为：B。

9. 以下哪种情况不需要进行向外国申请专利的保密审查？
  A. 外国公司将在中国完成的发明向外国申请专利
  B. 外国个人将在中国完成的发明提交PCT国际申请
  C. 中国公司将在中国完成的实用新型向外国申请专利
  D. 中国个人将在中国完成的外观设计向外国申请专利

【答案】D

【知识点】向外申请专利的保密审查

【解析】《专利法》第二十条第一款规定，任何单位或者个人将在中国完成的发明或者实用新型向外国申请专利的，应当事先报经国务院专利行政部门进行保密审查。根据该规定，只要申请专利的发明或者实用新型是在中国完成的，就需要进行向外国申请专利的保密审查，而不问是中国申请人还是外国申请人，故选项A中的申请需要进行向外国申请专利的保密审查。上述规定也限定了向外国申请专利时需要进行保密审查的发明创造类型，即发明或实用新型的类型，因此选项C中的申请需要进行向外国申请专利的保密审查，选项D中的申请不需要进行向外国申请专利的保密审查。

《专利法》第二十条第二款规定，中国单位或者个人可以根据中华人民共和国参加的有关国际条约提出专利国际申请。申请人提出专利国际申请的，应当遵守前款规定。故选项B中的申请需要进行向外国申请专利的保密审查。

综上，本题正确答案为：D。

10. 申请人于2017年6月1日通过邮局向国家知识产权局寄出一份PCT国际申请。国家知识产权局于2017年6月9日收到该申请。经审查发现，申请人提交了请求书、说明书和权利要求书，但未提交摘要，且未在请求书上签字。后申请人于2017年7月6日补交经申请人签字的请求书替换页，于2017年7月7日补交摘要，则该PCT申请的国际申请日是？
  A. 2017年6月1日
  B. 2017年6月9日
  C. 2017年7月6日
  D. 2017年7月7日

【答案】B

【知识点】国际申请日的确定

【解析】《专利合作条约》第11条（1）规定，受理局应以收到国际申请之日作为国际申请日，但以该局在收到申请时认定该申请符合下列要求为限：……（iii）国际申请至少包括以下项目：（a）说明是作为国际申请提出的；（b）至少指定一个缔约国；（c）按规定方式写明的申请人的姓名或者名称；（d）有一部分表面上看像是说明书；（e）有一部分表面上看像是一项或几项权利要求。《专利合作条约》第14条（1）（a）规定，受理局应检查国际申请是否有下列缺陷，即：（i）国际申请没有按细则的规定签字；……（iv）国际申请没有摘要。……第14条（1）（b）规定，如果受理局发现上述缺陷，应要求申请人在规定期限内改正该国际申请，期满不改正的，该申请即被视为撤回，并由受理局作相应的宣布。本题中，国家知识产权局收到申请文件的日期是2017年6月9日，该申请文件包括请求书、权利要求书和说明书，已经符合《专利合作条约》第11条规定的确定国际申请日的必要文件提交要求。申请人未在请求书上签字且未提交摘要属于《专利合作条约》第14条规定的形式缺陷，并不影响国际申请日的确定。故选项B正确。

综上，本题正确答案为：B。


11. 一件PCT国际申请，国际申请日是2017年3月29日，优先权日是2016年4月11日。国际检索单位于2017年7月17日将国际检索报告传送给国际局和申请人。根据专利合作条约第19条的规定，对权利要求书提出修改的最晚期限是？

A. 2017年8月11日
B. 2017年9月17日
C. 2017年10月15日
D. 2018年2月11日

【答案】B

【知识点】根据《专利合作条约》第19条提出修改权利要求书的期限

【解析】《专利合作条约实施细则》第46.1条"期限"规定，条约第19条所述的期限应为自国际检索单位将国际检索报告传送给国际局和申请人之日起2个月，或者自优先权日起16个月，以后到期为准；但国际局在适用的期限届满后收到根据条约第19条所作修改的，如果该修改在国际公布的技术准备工作完成之前到达国际局，应认为国际局已在上述期限的最后一日收到该修改。故选项B正确。

综上，本题正确答案为：B。


12. PCT国际申请在办理进入中国国家阶段手续时，如果核苷酸和/或氨基酸序列表部分纸页在（　　）页以上，申请人可以只提交符合规定的计算机可读形式的序列表。

A. 100页
B. 200页
C. 300页

D. 400 页

【答案】D

【知识点】进入中国国家阶段时对序列表的形式要求

【解析】《专利审查指南2010》第三部分第一章第3.2.1节"说明书和权利要求书的译文"中规定,在国际阶段,国际申请说明书中包含纸页在400页以上的核苷酸和/或氨基酸序列表部分的,在进入国家阶段时可以只提交符合规定的计算机可读形式的序列表。故选项D正确。

综上,本题正确答案为:D。

13. 提出实用新型专利申请时,如果没有附图,国家知识产权局将如何处理?

A. 发出补正通知书要求申请人补交附图

B. 发出审查意见通知书要求申请人补交附图

C. 不予受理,并发出不予受理通知书

D. 予以处理,并发出受理通知书

【答案】C

【知识点】实用新型专利申请必须有附图

【解析】《专利法实施细则》第三十九条规定,实用新型专利申请无附图的,国务院专利行政部门不予受理,并通知申请人。据此,C选项正确,D选项不正确。对于A选项和B选项,按照《专利审查指南2010》第一部分第二章第3.2节中的规定,初步审查中,对于申请文件存在可以通过补正克服的缺陷的专利申请,审查员应发出补正通知书,认为申请文件存在不可能通过补正克服的明显实质性缺陷,应当发出审查意见通知书。因此,补正通知书和审查意见通知书是针对已受理的申请发出的,对于不予受理的申请,不发出补正通知书和审查意见通知书,因此A、B选项均不正确。

综上,本题正确答案为:C。

14. 下列哪一主题属于实用新型的保护客体?

A. 一种生活晾绳

B. 动物标本

C. 一种玻璃水

D. 织物中掺入荧光粉而形成的荧光织物

【答案】A

【知识点】实用新型专利的保护客体

【解析】《专利法》第二条第三款规定,实用新型,是指对产品的形状、构造或者其结合所提出的适于实用的新的技术方案。《专利审查指南2010》第一部分第二章第6.1节进一步规定,根据《专利法》第二条第三款的规定,实用新型专利只保护产品。所述产品应当是经过产业方法制造的,有确定形状、构造且占据一定空间的实体。选项A中的"生活晾绳"

其产生必须经过一定的产业方法制造，而不是自然存在的，有确定形状构造并占据一定空间的实体，因而属于产品的范畴。选项B是自然存在的生物，其来源于自然界，且没有经过任何产业加工，因此它不是实用新型所保护的产品。C选项是一种无确定形状的液态物质，其形状不能作为实用新型产品的形状。《专利审查指南2010》第一部分第二章第6.2节进一步规定，根据《专利法》第二条第三款的规定，实用新型应当是针对产品的形状和/或构造所提出的改进。产品的构造是指产品的各个组成部分的安排、组织和相互关系。复合层可以认为是产品的构造，产品的渗碳层、氧化层等属于复合层结构。

物质的分子结构、组分、金相结构等不属于实用新型专利给予保护的产品的构造。在D选项的荧光织物中，荧光粉与织物没有形成两个特定的结构层，二者的混杂组成不属于实用新型意义上的产品构造。

综上，本题正确答案为：A。

15. 关于实用新型专利权评价报告，下列说法哪个是正确的？
   A. 实用新型专利申请人可以在答复审查意见通知书期间请求对该专利申请作出专利权评价报告，国家知识产权局可应此请求作出评价报告
   B. 对于被专利复审委员会宣告全部无效的实用新型专利，专利权人或者利害关系人可以请求国家知识产权局对该专利权作出评价报告
   C. 专利权人对于应其请求作出的评价报告结论不服的，由利害关系人再次向国家知识产权局提出评价请求后，国家知识产权局可再次作出专利权评价报告
   D. 专利权评价报告作出后，对该专利提出无效宣告请求的请求人可以查阅并复制该评价报告

【答案】D
【知识点】专利权评价报告
【解析】按照《专利法实施细则》第五十六条第一款以及第五十七条的规定，专利权人或者利害关系人可以在实用新型的授权决定公告后，请求作出专利权评价报告，且评价报告仅作出一份，专利权评价报告作出后，任何单位或者个人都可以查阅或者复制。据此，对于A选项，由于专利申请尚未获得授权公告，因而该请求将被视为未提出，A选项不正确。由于专利权评价报告仅作出一份，因此C选项也不正确。对于B选项，《专利审查指南2010》第五部分第十章第2.1节中规定，针对已被专利复审委员会宣告全部无效的实用新型提出的专利权评价报告请求，将被视为未提出，因而该选项不正确。

综上，本题正确答案为：D。

16. 下列关于外观设计专利申请中提交的图片或照片，不符合规定的是：
   A. 图片的绘制使用双点划线来表示细长物品的省略部分
   B. 在图片中用指示线表示剖切位置和剖切方向
   C. 对需要依靠衬托物来清楚显示产品外观设计的申请，拍摄照片时保留了衬托物

D. 对产品设计中不要求进行专利保护的结构采用虚线绘制

【答案】D

【知识点】图片或者照片的缺陷

【解析】根据《专利审查指南2010》第一部分第三章第4.2.4节的规定，在外观设计专利申请中提交绘制视图的，对于细长物品，可以使用两条平行的双点划线或者自然断裂线断开的画法来表示省略了细长物品中间一段的长度。如果提交了剖视图，应有表示剖切位置的剖切位置线、符号和方向，因此选项A、B正确。根据《专利审查指南2010》第一部分第三章第4.2.3节的规定，在外观设计专利申请中提交绘照片视图的，一般来说照片中的产品通常应当避免包含内装物或者衬托物，但对于必须依靠内装物或者衬托物才能清楚地显示产品的外观设计时，允许保留内装物或衬托物，因此选项C正确。由于目前我国还没有外观设计的局部保护制度，因此图片的绘制应当使用粗细均匀的实线，而不允许在视图中对不要求专利保护的结构采用虚线绘制的方式表达。《专利审查指南2010》第一部分第三章第4.2.4节也明确规定，外观设计专利申请的图片或者照片中不应包含有虚线。因此选项D正确。

综上，本题正确答案为：D。

17. 下列哪个情形不属于专利法第二十三条第二款所述的"现有设计特征"？

A．现有设计的形状、图案、色彩要素或者其结合
B．现有设计的产品名称
C．现有设计的某组成部分的设计
D．现有设计整体外观设计产品中的零部件的设计

【答案】B

【知识点】现有设计特征的含义

【解析】《专利审查指南2010》第四部分第五章第6节中规定了《专利法》第二十三条第二款所述的现有设计特征是指现有设计的部分设计要素或者其结合，并列举了选项A、选项C和选项D等情形；而选项B属于在确定产品种类时可参考认定产品用途的情形之一。

综上，本题正确答案为：B。

18. 下列不属于外观设计专利权评价报告所涉及内容的有：

A．外观设计是否属于专利法第五条或者第二十五条规定的不授予专利权的情形
B．外观设计是否属于专利法第二条第四款规定的客体
C．外观设计是否符合专利法第二十三条第三款的规定
D．外观设计专利文件的修改是否符合专利法第三十三条的规定

【答案】C

【知识点】外观设计专利权评价报告的内容

【解析】根据《专利审查指南2010》第五部分第十章第3.2.2节的规定，外观设计专利权评价所涉及的内容包括：是否属于《专利法》第五条或者第二十五条规定的不授予专利权

的情形，是否属于《专利法》第二条第四款规定的客体，是否符合《专利法》第二十三条第一款和第二款的规定，是否符合《专利法》第二十七条第二款的规定，专利文件的修改是否符合《专利法》第三十三条的规定，分案的外观设计专利是否符合《专利法实施细则》第四十三条第一款的规定，是否符合《专利法》第九条的规定。故选项A、B、D的内容为专利权评价报告涉及的内容。而对于《专利法》第二十三条第三款是否与他人的在先权利相冲突，不属于外观设计专利权评价报告的内容。

综上，本题正确答案为：C。

19. 以下说法哪个是正确的？
   A. 一种超强超短激光及其发生器均可获得发明专利保护
   B. 塑料薄膜和其制备方法均可获得实用新型专利保护
   C. 带有人民币图案的窗帘的外观设计可获得外观设计专利保护
   D. 以上说法都错误

【答案】D
【知识点】专利的客体
【解析】《专利法》第二条第二款规定，发明，是指对产品、方法或者其改进所提出的新的技术方案。《专利审查指南2010》第二部分第一章第2节中规定，气味或者诸如声、光、电、磁、波等信号或者能量也不属于《专利法》第二条第二款规定的客体。由此可知，选项A错误。《专利法》第二条第三款规定，实用新型，是指对产品的形状、构造或者其结合所提出的适于实用的新的技术方案，并不包括方法。由此可知，选项B错误。《专利法》第五条第一款规定，对违反法律、社会公德或者妨害公共利益的发明创造，不授予专利权。带有人民币图案的窗帘的外观设计，因违反《中国人民银行法》，不能被授予专利权。由此可知，选项C错误。

综上，本题正确答案为：D。

20. 关于现有技术的说法，哪个是正确的？
   A. 专利法意义上的出版物仅限于纸件出版物
   B. 云南白药的保密配方一旦泄露，即属于现有技术
   C. 能够使公众得知技术内容的馈赠和交换不属于使用公开
   D. 印有"内部资料"字样的出版物一定不属于公开出版物

【答案】B
【知识点】现有技术
【解析】《专利法》第二十二条第五款规定，该法所称现有技术，是指申请日以前在国内外为公众所知的技术。现有技术包括在申请日（有优先权的，指优先权日）以前在国内外出版物上公开发表、在国内外公开使用或者以其他方式为公众所知的技术。根据《专利审查指南2010》第二部分第三章第2.1.2.1节的规定，出版物公开可以是各种印刷的、打字的纸

件，也可以是用电、光、磁、照相等方法制成的视听资料，还可以是以其他形式存在的资料，如存在于互联网或其他在线数据库中的资料等。出版物公开的载体，纸件只是其中一种。由此可知，选项A错误。《专利审查指南2010》第二部分第三章第2.1节规定，处于保密状态的技术内容不属于现有技术。然而，如果负有保密义务的人违反规定、协议或者默契泄露秘密，导致技术内容公开，使公众能够得知这些技术，这些技术也就构成了现有技术的一部分。由此可知，选项B正确。《专利审查指南2010》第二部分第三章第2.1.2.2节中规定，使用公开的方式包括能够使公众得知其技术内容的制造、使用、销售、进口、交换、馈赠、演示、展出等方式，馈赠和交换属于使用公开的方式。由此可知，选项C错误。《专利审查指南2010》第二部分第三章第2.1.2.1节中规定，印有"内部资料""内部发行"等字样的出版物，确系在特定范围内发行并要求保密的，不属于公开出版物。由此可知，选项D错误。

综上，本题正确答案为：B。

21. 向国家知识产权局提出的两件发明专利申请甲、乙，如果甲申请构成了乙申请的抵触申请，以下哪个说法正确？

　　A. 甲申请只需摘要中记载了乙申请权利要求书内容即可构成乙申请的抵触申请

　　B. 甲申请可以是进入中国国家阶段的国际专利申请

　　C. 甲申请可作为评价乙申请创造性的对比文件

　　D. 甲申请的申请人必须与乙申请的申请人不同

【答案】B

【知识点】抵触申请

【解析】《专利审查指南2010》第二部分第三章第2.2节规定，在发明或者实用新型新颖性的判断中，由任何单位或者个人就同样的发明或者实用新型在申请日以前向专利局提出并且在申请日以后（含申请日）公布的专利申请文件或者公告的专利文件损害该申请日提出的专利申请的新颖性。为描述简便，在判断新颖性时，将这种损害新颖性的专利申请，称为抵触申请。在确定是否为破坏新颖性的抵触申请时，应当将本申请与在先专利或专利申请的全文，包括权利要求书和说明书（包括附图）进行比较，摘要是说明书记载内容的概述，仅是一种技术信息，不具有法律效力，比较的内容不包括摘要。由此可知，选项A错误。《专利审查指南2010》第二部分第三章第2.2节规定，抵触申请还包括满足以下条件的进入了中国国家阶段的国际专利申请，即申请日以前由任何单位或者个人提出、并在申请日之后（含申请日）由专利局作出公布或公告的且为同样的发明或者实用新型的国际专利申请。由此可知，选项B正确。《专利法》第二十二条第五款规定，该法所称现有技术是指申请日以前在国内外为公众所知的技术。抵触申请在申请日以前没有公开，不属于现有技术，在评价发明创造性时不予考虑。由此可知，选项C错误。法律对作为抵触申请的申请人没有限制，可以包括为申请人相同的情况。由此可知，选项D错误。

综上，本题正确答案为：B。

22. 甲向国家知识产权局提出发明专利申请，要求保护一种智能手表，申请日为2016年7月18日，以下关于宽限期的说法正确的是？

A. 乙于2016年5月1日未经申请人甲的同意泄露其专利申请的内容，申请人甲于2016年7月28日得知此事，其应当在2016年10月28日之前提出要求不丧失新颖性宽限期的声明，并附具证明材料

B. 甲于2016年1月1日在第×届全国电子学术会议上首次发表了该智能手表的技术方案，并于2016年2月1日在广交会上公开展出了其智能手表，则该申请仍可以享有宽限期

C. 甲于2016年2月1日在第×届全国电子学术会议上首次发表了该智能手表的技术方案，乙独立做出了同样的智能手表，并在2016年3月1日提出了专利申请，但由于甲提出宽限期声明，甲仍可以取得专利权

D. 申请人于2016年2月1日在第×届全国电子学术会议上首次发表了该智能手表的技术方案，乙独立做出了同样的智能手表，并在2016年3月1日提出专利申请，但2016年2月1日智能手表技术方案的公开破坏了乙的申请的新颖性，乙的申请不能被授予专利权

【答案】D

【知识点】宽限期

【解析】《专利审查指南2010》第一部分第一章第6.3.3节规定，申请专利的发明创造在申请日以前6个月内他人未经申请人而泄露其内容，若申请人在申请日前已获知，应当在提出专利申请时在请求书中声明，并在自申请日起2个月内提交证明材料。若申请人在申请日以后得知的，应当在得知情况后2个月内提出要求不丧失新颖性宽限期的声明，并附具证明材料。选项A超过了2个月，由此可知，选项A错误。《专利审查指南2010》中第二部分第三章第5节规定，发生《专利法》第二十四条规定的任何一种情形之日起6个月内，申请人提出申请之前，发明创造再次被公开的，再次公开属于上述三种情况的，该申请不会因此而丧失新颖性，但是，宽限期自发明创造的第一次公开之日起计算。从2016年1月1日第一次公开开始计算，到申请日2016年7月18日已经超过6个月，甲申请不享有所述宽限期。由此可知，选项B错误。《专利审查指南2010》第二部分第三章第5节规定，宽限期和优先权的效力是不同的。宽限期仅仅是把一定期限内申请人（包括发明人）的某些公开，或者第三人从申请人或发明人那里以合法手段或者不合法手段得来的发明创造的某些公开，认为是不损害该专利申请新颖性和创造性的公开。实际上，发明创造公开以后已经成为现有技术，只是这种公开在一定期限内对申请人的专利申请来说不视为影响其新颖性和创造性的现有技术，并不是把发明创造的公开日看作是专利申请的申请日。所以，从公开之日至提出申请的期间，如果第三人独立地作出了同样的发明创造，而且在申请人提出专利申请以前提出了专利申请，那么根据先申请原则，申请人就不能取得专利权。当然，由于申请人（包括发明人）的公开，使该发明创造成为现有技术，因此第三人的申请没有新颖性，也不能取得专利权。由此可知，选项C错误，选项D正确。

综上，本题正确答案为：D。

23. 以下说法正确的是？
   A. 医生处方具有实用性
   B. 一种烹调方法属于智力活动的规则和方法，不能授予专利权
   C. 一种通过化学试剂诱导微生物随机突变产生新微生物菌株的方法，具有实用性
   D. 从某县某地的土壤中分离筛选出一种具有特殊功能的微生物，具有实用性

【答案】D

【知识点】判断实用性的原则和基准

【解析】《专利法》第二十二条第四款规定，实用性，是指该发明或者实用新型能够制造或者使用，并且能够产生积极效果。《专利审查指南2010》第二部分第十章第7.2节规定，医生处方，指医生根据具体病人的病情所开的药方，医生处方没有实用性。由此可知，选项A错误。《专利审查指南2010》第二部分第十章第7.1节规定，依赖于厨师的技术、创作等不确定因素导致不能重复实施的烹调方法不适于在产业上应用，也不具备实用性。由此可知，选项B错误。《专利审查指南2010》第二部分第十章第9.4.3.2节规定，通过物理、化学方法进行人工诱变生产新微生物的方法主要依赖于微生物在诱变条件下所产生的随机突变，这种突变实际上是DNA复制过程中的一个或者几个碱基的变化，然后从中筛选出具有某种特征的菌株。由于碱基变化是随机的，因此即使清楚记载了诱变条件，也很难通过重复诱变条件而得到完全相同的结果。这种方法在绝大多数情况下不符合《专利法》第二十二条第四款的规定。由此可知，选项C错误。选项D的主题为微生物，因其已经被分离出来且具有特定用途，其具有实用性。由此可知，选项D正确。

综上，本题正确答案为：D。

24. 以下哪种撰写方式不会导致所在的权利要求保护范围不清楚：
   A. 组合物中含有20%－35%（重量）组分A
   B. 传动器由金属制成，最好是铜
   C. 化合物A和化合物B在高温下反应
   D. 操作温度为30－60摄氏度，例如45摄氏度

【答案】A

【知识点】权利要求的撰写

【解析】《专利法》第二十六条第四款规定，权利要求书应当以说明书为依据，清楚、简要地限定要求专利保护的范围。同时依据《专利审查指南2010》第二部分第二章第3.2.2节规定，A选项中的括号在相关技术领域具有通常含义，不会导致权利要求保护范围不清楚，B选项中的"最好"以及D选项中的"例如"导致一项权利要求中出现了不同的保护范围，C选项中的"高温"含义不确定。由此可知，选项A正确，选项B、C、D错误。

综上，本题正确答案为：A。

25. 一项被驳回申请有多个申请人和多个发明人，关于其复审请求的下述哪种说法是正确的？

　　A. 任何一个或几个申请人提出复审请求都应当被受理

　　B. 任何一个或几个发明人提出复审请求都应当被受理

　　C. 只有所有的申请人共同提出复审请求才应当被受理

　　D. 只有所有的申请人和发明人共同提出复审请求才应当被受理

【答案】C

【知识点】复审请求人

【解析】《专利审查指南2010》第四部分第二章第2.2节中规定，被驳回申请的申请人可以向专利复审委员会提出复审请求。……被驳回申请的申请人属于共同申请人的，如果复审请求人不是全部申请人，专利复审委员会应当通知复审请求人在指定期限内补正期满未补正的，其复审请求视为未提出。根据上述规定，提出复审请求的是申请人而非发明人，因此选项B、D错误。驳回申请的申请人属于共同申请人的，必须由全部申请人提出复审请求，因此选项C正确，选项A错误。

　　综上，本题正确答案为：C。

26. 专利申请人对驳回决定不服的，可以通过下列哪种程序进行救济？

　　A. 复议程序

　　B. 复审程序

　　C. 申诉程序

　　D. 异议程序

【答案】B

【知识点】复审程序

【解析】《专利法》第四十一条规定，国务院专利行政部门设立专利复审委员会。专利申请人对国务院专利行政部门驳回申请的决定不服的，可以自收到通知之日起3个月内，向专利复审委员会请求复审。专利复审委员会复审后，作出决定，并通知专利申请人。专利申请人对专利复审委员会的复审决定不服的，可以自收到通知之日起3个月内向人民法院起诉。根据上述规定，复审程序是专利申请人对专利复审委员会的复审决定不服的唯一救济途径，所以选项B正确。

　　综上，本题正确答案为：B。

27. 某专利申请由于权利要求1不具备创造性而被驳回，且该申请仅有一项权利要求，申请人提出复审请求时欲对权利要求书进行修改。下列哪种修改方式可被接受？

　　A. 权利要求1不变，增加从属权利要求2，权利要求2未超出原权利要求书和说明书记载的范围

　　B. 对权利要求1进行了修改，修改后的权利要求1相对于驳回决定针对的权利要求1扩

大了保护范围，但并未超出原说明书记载的范围

C. 对权利要求1进行进一步限定，新增加了说明书的某一技术特征，未超出原说明书记载的范围

D. 为消除不具备创造性的缺陷，将原产品类权利要求1修改为方法类权利要求，修改内容未超出原说明书记载的范围

【答案】C

【知识点】复审阶段对修改文本的审查

【解析】《专利审查指南2010》第四部分第二章第4.2节中规定，在提出复审请求、答复复审通知书（包括复审请求口头审理通知书）或者参加口头审理时，复审请求人可以对申请文件进行修改。但是，所作修改应当符合《专利法》第三十三条和《专利法实施细则》第六十一条第一款的规定。根据《专利法实施细则》第六十一条第一款的规定，复审请求人对申请文件的修改应当仅限于消除驳回决定或者合议组指出的缺陷。下列情形通常不符合上述规定：(1)修改后的权利要求相对于驳回决定针对的权利要求扩大了保护范围。(2)将与驳回决定针对的权利要求所限定的技术方案缺乏单一性的技术方案作为修改后的权利要求。(3)改变权利要求的类型或者增加权利要求。(4)针对驳回决定指出的缺陷未涉及的权利要求或者说明书进行修改。但修改明显文字错误，或者修改与驳回决定所指出缺陷性质相同的缺陷的情形除外。根据上述规定，选项A并未针对权利要求1，且增加了权利要求2，属于情形(4)和(3)。选项B扩大了保护范围，属于情形(1)。选项D改变了权利要求的类型，属于情形(3)。选项A、B、D均属于上述不符合规定的情形，因此选项C正确。

综上，本题正确答案为：C。

28. 无效宣告程序是专利（　　），依（　　）而启动的程序。

A. 申请提交之后　申请人的请求

B. 申请审查中　专利局的职权

C. 公告授权后　专利复审委员会的职权

D. 公告授权后　任何单位或个人的请求

【答案】D

【知识点】无效宣告程序的性质

【解析】《专利法》第四十五条规定，自国务院专利行政部门公告授予专利权之日起，任何单位或者个人认为该专利权的授予不符合该法有关规定的，可以请求专利复审委员会宣告该专利权无效。由此可见，提起无效宣告请求的应针对已授权专利，因此选项A、B错误。无效宣告程序是依任何单位或个人的请求而启动的，因此选项C错误，选项D正确。

综上，本题正确答案为：D。

29. 无效宣告理由仅限于以下哪项规定的理由？

A. 专利法实施细则第四十四条第一款

B. 专利法实施细则第六十五条第二款

C. 专利法实施细则第六十条第一款

D. 专利法实施细则第六十三条第二款

【答案】B

【知识点】对无效宣告请求理由的形式审查

【解析】《专利审查指南2010》第四部分第三章第3.3节（2）明确规定了对无效宣告请求理由的形式审查，即"无效宣告理由仅限于专利法实施细则第六十五条第二款规定的理由，并且应当以专利法及其实施细则中有关的条、款、项作为独立的理由提出。无效宣告理由不属于专利法实施细则第六十五条第二款规定的理由的，不予受理"。

综上，本题正确答案为：B。

30. 无效宣告请求人在提出无效宣告请求时提交的证据有技术设计图纸，在一个月内补充的证据有日本专利文献及其中文译文，并在口头审理时提交了硕士论文、《日汉技术手册》和技术人员的书面证言作为证据，请求人结合上述证据详细阐述了被请求专利不具有新颖性和创造性的理由。以下说法哪些是正确的？

  A. 专利复审委员会应对请求人提交的所有证据均予以考虑

  B. 专利复审委员会应对请求人在口头审理时提交的证据均不予考虑

  C. 专利复审委员会应对请求人在口头审理时提交的硕士论文和《日汉技术手册》予以考虑

  D. 专利复审委员会应对请求人在口头审理时提交的书面证言不予考虑

【答案】D

【知识点】无效宣告请求中对请求人举证的规定

【解析】《专利审查指南2010》第四部分第三章第4.3.1节明确了无效宣告请求审查中对请求人举证期限的规定，特别是对第（2）点中的第（ii）点的考查，具体为"(ii) 在口头审理辩论终结前提交技术词典、技术手册和教科书等所属技术领域中的公知常识性证据或者用于完善证据法定形式的公证文书、原件等证据，并在该期限内结合该证据具体说明相关无效宣告理由的"。请求人提交的证据中只有《日汉技术手册》属于公知常识类证据，可以在口头审理结束前提交。硕士论文及技术人员的书面证言在口头审理时提交已经超出了请求日起1个月的补充证据的期限，合议组不应予以考虑。

综上，本题正确答案为：D。

二、多项选择题（每题所设选项中至少有两个正确答案，多选、少选、错选或不选均不得分。本部分含31—100题，每题1.5分，共105分。）

31. 下列关于发明人、设计人的说法哪些是正确的？

  A. 职务发明创造的发明人在其发明被授予专利权后有权获得奖励

B. 发明人或设计人有在专利文件中不公开自己姓名的权利

C. 发明人或设计人有在专利文件中写明自己是发明人或者设计人的权利

D. 职务发明创造的发明人在其发明被授予专利权后无权自行实施

【答案】A B C D

【知识点】发明人或设计人的署名权　职务发明创造的发明人或设计人获得奖酬的权利及相关规定

【解析】《专利法》第十六条规定，被授予专利权的单位应当对职务发明创造的发明人或者设计人给予奖励；发明创造专利实施后，根据其推广应用的范围和取得的经济效益，对发明人或者设计人给予合理的报酬。由此可知，选项A正确。《专利审查指南2010》第一部分第一章第4.1.2节规定，发明人可以请求专利局不公布其姓名。由此可知，选项B正确。《专利法》第十七条第一款规定，发明人或者设计人有权在专利文件中写明自己是发明人或者设计人。由此可知，选项C正确。根据《专利法》第十一条的规定，发明专利权被授予后，除该法另有规定的以外，任何单位或者个人未经专利权人许可，都不得实施其专利。职务发明的专利权属于单位，发明人未经专利权人许可也不得擅自实施该专利。因此选项D正确。

综上，本题正确答案为：A、B、C、D。

32. 李某作为发明人完成了一项职务发明创造，其所在的甲公司就此项发明创造提出了发明专利申请。那么，以下哪些说法是正确的？

A. 在提出专利申请后，李某请求不公布其姓名，则应当提交李某签字或盖章的书面声明

B. 在提出专利申请时，李某请求不公布其姓名，则应当在请求书"发明人"一栏所填写的李某姓名后注明"（不公布姓名）"

C. 李某不公布其姓名的请求被批准后，专利局在专利公报、专利单行本中不公布其姓名，但在专利证书中公布其姓名

D. 在专利申请进入公报编辑后，李某请求不公布其姓名，则李某的请求将视为未提出

【答案】A B D

【知识点】发明人或设计人的署名权

【解析】《专利审查指南2010》第一部分第一章第4.1.2节规定，发明人可以请求专利局不公布其姓名。提出专利申请时请求不公布发明人姓名的，应当在请求书"发明人"一栏所填写的相应发明人后面注明"（不公布姓名）"。不公布姓名的请求提出之后，经审查认为符合规定的，专利局在专利公报、专利申请单行本、专利单行本以及专利证书中均不公布其姓名，并在相应位置注明"请求不公布姓名"字样，发明人也不得再请求重新公布其姓名。提出专利申请后请求不公布发明人姓名的，应当提交由发明人签字或者盖章的书面声明，但是专利申请进入公布准备后才提出该请求的，视为未提出请求，审查员应当发出视为未提出通知书。由此可知，选项A、B、D正确，选项C错误。

综上，本题正确答案为：A、B、D。

33. 下列哪些情形中专利申请人的填写不符合规定？

A. 正式全称为北京某电子科技股份有限公司的企业在提交的专利申请中，专利申请人一栏填写的是"北京某电子公司"

B. 某大学提交的专利申请中，专利申请人一栏填写的是"某大学科研处"

C. 外国某大学教授约翰·史密斯提交的专利申请中，专利申请人一栏填写的是"约翰·史密斯教授"

D. 张某在其提交的专利申请中，专利申请人一栏填写的是其笔名"风行"

【答案】A B C D

【知识点】中国内地申请人　外国申请人

【解析】《专利审查指南2010》第一部分第一章第4.1.3.1节规定，申请人是中国单位或者个人的，应当填写其名称或者姓名、地址、邮政编码、组织机构代码或者居民身份证件号码。申请人是个人的，应当使用本人真实姓名，不得使用笔名或者其他非正式的姓名。申请人是单位的，应当使用正式全称，不得使用缩写或者简称。申请人是单位的，可以推定该发明是职务发明，该单位有权提出专利申请，除非该单位的申请人资格明显有疑义，例如填写的单位是××大学科研处或者××研究所××课题组，才需要发出补正通知书，通知申请人提供能够表明其具有申请人资格的证明文件。由此可知，选项A、B、D错误。《专利审查指南2010》第一部分第一章第4.1.3.2节规定，申请人是个人的，其中文译名中可以使用外文缩写字母，姓和名之间用圆点分开，圆点置于中间位置，例如M·琼斯。姓名中不应当含有学位、职务等称号，例如××博士、××教授等。由此可知，选项C错误。

综上，本题正确答案为：A、B、C、D。

34. 下列哪些人可以在中国申请专利？

A. 在法国境内设有营业所的泰国人

B. 在我国境内只设有代表处的英国公司

C. 在我国境内有经常居所的无国籍人

D. 营业所设在德国的企业

【答案】A B C D

【知识点】外国申请人

【解析】《专利法》第十八条规定，在中国没有经常居所或者营业所的外国人、外国企业或者外国其他组织在中国申请专利的，依照其所属国同中国签订的协议或者共同参加的国际条约，或者依照互惠原则，根据该法办理。《专利审查指南2010》第一部分第一章第4.1.3.2节规定，在确认申请人是在中国没有经常居所或者营业所的外国人、外国企业或者外国其他组织后，应当审查请求书中填写的申请人国籍、注册地是否符合下列三个条件之一：(1) 申请人所属国同我国签订有相互给予对方国民以专利保护的协议；(2) 申请人所属国是《保护工业产权巴黎公约》（以下简称《巴黎公约》）成员国或者世界贸易组织成员；(3) 申请人所属国依互惠原则给外国人以专利保护。申请人是个人的，以国籍或者经常居所来确定；申请人是企业或者其他组织的，以注册地来确定。中国于1985年3月19日加入《巴黎公约》，根据《巴黎公约》规定的国民待遇原则，该公约所有成员国的国民（自然人、法人和其他组织）都有权在我国申请专利。非公约成员国的国民，如果在某一公约成员国内有住所或者真实有效的工商业营业所，也有权在我国申请专利。法国、英国、德国均是《巴黎公约》成员国，由此可知，选项A、B、D正确。在中国有经常居所或者营业所的外国人、外国企业或者外国其他组织可以在中国申请专利。由此可知，选项C正确。

综上，本题正确答案为：A、B、C、D。

35. 某公司员工王某在本职工作中独立完成了一项发明创造。该公司就该发明创造提交了发明专利申请，在提交的专利申请文件中将王某和总经理李某署名为共同发明人。在发明专利权授予1年后，发给王某5000元人民币作为奖金。此外，该公司每年从获得的实施许可费200万元中拿出10万元和1万元分别支付给王某和李某作为报酬。下列哪些说法是正确的？

  A. 该公司给予王某奖金的时间符合法定期限
  B. 该公司不应当将李某署名为发明人
  C. 该公司给予王某5000元的奖金符合法定标准
  D. 该公司给予王某10万元的报酬符合法定标准

【答案】BC

【知识点】职务发明的发明人或设计人获得奖酬的权利及相关规定　发明人或设计人的定义

【解析】《专利法实施细则》第七十七条第一款规定，被授予专利权的单位未与发明人、设计人约定也未在其依法制定的规章制度中规定《专利法》第十六条规定的奖励的方式和数额的，应当自专利权公告之日起3个月内发给发明人或者设计人奖金。一项发明专利的奖金最低不少于3000元；一项实用新型专利或者外观设计专利的奖金最低不少于1000元。根据上述规定，在没有约定的情况下，给予发明人的奖励应该自专利权公告之日起3个月内发放，而且不得低于3000元。由此可知，选项A错误，选项C正确。《专利法实施细则》第十三条规定，《专利法》所称发明人或者设计人，是指对发明创造的实质性特点作出创造性贡献的人。在完成发明创造过程中，只负责组织工作的人、为物质技术条件的利用提供方便的人或者从事其他辅助工作的人，不是发明人或者设计人。本题中，王某独立完成该发明创造，李某并没有对发明创造的实质性特点作出创造性贡献。由此可知，选项B正确。《专利法实施细则》第七十八条规定，被授予专利权的单位未与发明人、设计人约定也未在其依法制定的规章制度中规定《专利法》第十六条规定的报酬的方式和数额的，在专利权有效期限内，实施发明创造专利后，每年应当从实施该项发明或者实用新型专利的营业利润中提取不低于2%或者从实施该项外观设计专利的营业利润中提取不低于0.2%，作为报酬给予发明人或者设计人，或者参照上述比例，给予发明人或者设计人一次性报酬；被授予专利权的单位许可其他单位或者个人实施其专利的，应当从收取的使用费中提取不低于10%，作为报酬给予发明人或者设计人。本题中，给予发明人王某10万元报酬低于法定标准。由此可知，选项 D 错误。

综上，本题正确答案为：B、C。

36. 以下哪些说法不符合我国专利法的规定？

　　A. 除专利法另有规定外，发明专利权人有权禁止他人为生产经营目的许诺销售其专利产品

　　B. 除专利法另有规定外，方法发明专利权人有权禁止他人为生产经营目的制造与依照其专利方法直接获得的产品相同的产品

　　C. 除专利法另有规定外，实用新型专利权人有权禁止他人为生产经营目的许诺销售、销售、进口其专利产品

　　D. 除专利法另有规定外，外观设计专利权人有权禁止他人为生产经营目的制造、使用、销售其专利产品

【答案】BD

【知识点】禁止他人未经许可实施专利的权利

【解析】《专利法》第十一条规定，发明和实用新型专利权被授予后，除该法另有规定的以外，任何单位或者个人未经专利权人许可，都不得实施其专利，即不得为生产经营目的制造、使用、许诺销售、销售、进口其专利产品，或者使用其专利方法以及使用、许诺销售、销售、进口依照该专利方法直接获得的产品。外观设计专利权被授予后，任何单位或者个人未经专利权人许可，都不得实施其专利，即不得为生产经营目的制造、许诺销售、销售、进口其外观设计专利产品。根据上述规定可知，选项 A、C 的说法符合我国《专利法》的规定。另外，根据上述规定可知，方法发明专利权人有权禁止他人为生产经营目的制造依照其专利方法直接获得的产品，但并不能禁止他人利用其他方法制造相同的产品，由此可知，B 选项错误。根据上述规定，外观设计专利权人并不能禁止他人为生产经营目的使用其专利产品，由此可知，选项 D 错误。

综上，本题正确答案为：B、D。

37. 在办理专利申请权或专利权的转让手续时，下列哪些情形应当出具国务院商务主管部门颁发的《技术出口许可证》或者《自由出口技术合同登记证书》，或者地方商务主管部门颁发的《自由出口技术合同登记证书》？

　　A. 上海一家国有企业与美国一家公司共同向国家知识产权局提交了一件发明专利申请，之后将该专利申请权转让给一家日本公司

　　B. 北京某大学教授王某向国家知识产权局提交了一件发明专利申请并获得了专利权，其在英国期间，将该专利权转让给一家英国公司

　　C. 重庆某民营公司向国家知识产权局提交了一件外观设计专利申请并获得了专利权，之后其将该专利权转让给一家韩国公司

　　D. 天津市民张某向国家知识产权局提交了一件发明专利申请并获得了专利权，之后其将

该专利权转让给一家在中国内地注册的外资公司

【答案】AB

【知识点】向外国人转让专利申请权和专利权的特殊要求

【解析】《专利法》第十条第二款规定，中国单位或者个人向外国人、外国企业或者外国其他组织转让专利申请权或者专利权的，应当依照有关法律、行政法规的规定办理手续。该条所称的"中国单位"是指按照中国法律成立而具有中国国籍的单位，不仅包括全民所有制企业、集体所有制企业、股份有限公司、有限责任公司，还包括中外合资企业、中外合作企业和外商独资企业。《专利审查指南2010》第一部分第一章第6.7.2.2节规定……(ii) 对于发明或者实用新型专利申请（或专利），转让方是中国内地的个人或者单位，受让方是外国人、外国企业或者外国组织的，应当出具国务院商务主管部门颁发的《技术出口许可证》或者《自由出口技术合同登记证书》，或者地方商务主管部门颁发的《自由出口技术合同登记证书》，以及双方签字或者盖章的转让合同。……中国内地的个人或者单位与外国人、外国企业或者外国其他组织作为共同转让方，受让方是外国人、外国企业或者外国其他组织的，适用本项（ii）的规定处理。由此可知，选项A、B正确。

综上，本题正确答案为：A、B。

38. 下列哪些情况下，专利权质押合同不予登记？

　　A. 出质人与专利登记簿记载的专利权人不一致的
　　B. 专利权已经终止的
　　C. 专利权处于年费缴纳滞纳期的
　　D. 专利权已被启动无效宣告程序的

【答案】ABCD

【知识点】出质登记的办理

【解析】《专利权质押登记办法》第十二条第二款规定，经审查发现有下列情形之一的，国家知识产权局作出不予登记的决定，并向当事人发送《专利权质押不予登记通知书》：（一）出质人与专利登记簿记载的专利权人不一致的；（二）专利权已终止或者已被宣告无效的；（三）专利申请尚未被授予专利权的；（四）专利权处于年费缴纳滞纳期的；（五）专利权已被启动无效宣告程序的；（六）因专利权的归属发生纠纷或者人民法院裁定对专利权采取保全措施，专利权的质押手续被暂停办理的；（七）债务人履行债务的期限超过专利权有效期的；（八）质押合同约定在债务履行期届满质权人未受清偿时，专利权归质权人所有的；（九）质押合同不符合该办法第九条规定的；（十）以共有专利权出质但未取得全体共有人同意的；（十一）专利权已被申请质押登记且处于质押期间的；（十二）其他应当不予登记的情形。由此可知，选项A、B、C、D均正确。

综上，本题正确答案为：A、B、C、D。

39. 发明专利申请公布后至专利权授予前他人使用该发明不支付适当费用的，在专利权授予后，专利权人可以起诉。关于诉讼时效，下列哪些说法是错误的？

A. 如果在授权前专利权人已经得知或者应当得知他人使用该发明，诉讼时效从授权之日起计算

B. 诉讼时效从专利权人得知或应当得知他人使用该发明之日起计算

C. 专利权人要求支付使用费的诉讼时效是1年

D. 诉讼时效从他人使用该发明之日起计算

【答案】CD

【知识点】诉讼时效

【解析】《专利法》第六十八条第二款规定，发明专利申请公布后至专利权授予前使用该发明未支付适当使用费的，专利权人要求支付使用费的诉讼时效为2年，自专利权人得知或者应当得知他人使用其发明之日起计算，但是，专利权人于专利权授予之日前即已得知或者应当得知的，自专利权授予之日起计算。由此可知，选项C、D错误。

综上，本题正确答案为：C、D。

40. 下列关于专利保护期限计算的那些说法是正确的？

A. 分案申请获得专利权后，其专利权保护期限自分案申请递交日起算

B. 国际申请进入中国国家阶段获得授权后，其专利权保护期限自国际申请日起算

C. 享有外国优先权的专利申请获得授权后，其专利权保护期限自优先权日起算

D. 享有国内优先权的专利申请获得授权后，其专利权保护期限自提出申请之日起算

【答案】BD

【知识点】专利权保护期限的计算方式

【解析】《专利法》第二十八条规定，国务院专利行政部门收到专利申请文件之日为申请日。如果申请文件是邮寄的，以寄出的邮戳日为申请日。《专利法》第四十二条规定，发明专利权的期限为20年，实用新型专利权和外观设计专利权的期限为10年，均自申请日起计算。《专利审查指南2010》第五部分第三章第2.3.2.1节规定，对符合受理条件的分案申请，专利局应当受理，给出专利申请号，以原申请的申请日为申请日，并记载分案申请递交日。由此可知，分案申请的保护期限自原申请的申请日起计算，故选项A错误。《专利法实施细则》第一百零二条规定，按照《专利合作条约》已确定国际申请日并指定中国的国际申请，视为向国务院专利行政部门提出的专利申请，该国际申请日视为《专利法》第二十八条所称的申请日。由此可知，选项B正确。《专利法实施细则》第十一条第一款规定，除《专利法》第二十八条和第四十二条规定的情形外，《专利法》所称申请日，有优先权的，指优先权日。由此可知，选项C错误，选项D正确。

综上，本题正确答案为：B、D。

41. 刘某于2015年通过了全国专利代理人资格考试，于2016年7月到某代理公司工作，2017年9月申请获得了专利代理人执业证。刘某的下列哪些行为符合相关规定？

A. 刘某作为申请人于2016年6月向国家知识产权局提交了一件外观设计专利申请

B. 刘某在该代理公司任职期间，到另一家专利代理公司兼职从事有关专利事务方面的咨询工作

C. 刘某在该代理公司任职期间，在国家知识产权局将其代理的一件发明专利申请公布后，将该专利申请的内容告诉了其好友

D. 刘某在该代理公司任职期间，以自己的名义接受好友的委托，代理其提交了一件实用新型专利申请，并收取了代理费

【答案】ＡＣ

【知识点】专利代理人执业纪律和职业道德

【解析】《专利代理条例》第二十条规定，专利代理人在从事专利代理业务期间和脱离专利代理业务后一年内，不得申请专利。刘某2016年7月才到某代理公司工作，在从事专利代理工作之前是可以申请专利的。由此可知，选项A正确。《专利代理条例》第十八条第一款规定，专利代理人不得同时在两个以上专利代理机构从事专利代理业务。提供专利事务方面的咨询属于专利代理业务，由此可知，选项B错误。《专利代理条例》第二十三条规定，专利代理人对其在代理业务活动中了解的发明创造的内容，除专利申请已经公布或者公告的以外，负有保守秘密的责任。由此可知，选项C正确。《专利代理条例》第十七条规定，专利代理人必须承办专利代理机构委派的专利代理工作，不得自行接受委托。由此可知，选项D错误。

综上，本题正确答案为：A、C。

42. 申请设立专利代理机构应当提交下列哪些材料？

A. 设立专利代理机构申请表

B. 专利代理机构的合伙协议书或者章程

C. 验资证明

D. 专利代理人资格证和身份证复印件

【答案】ＡＢＤ

【知识点】专利代理机构的设立

【解析】《专利代理管理办法》第八条第一款规定，设立专利代理机构应当提交下列申请材料：（一）设立专利代理机构申请表；（二）专利代理机构的合伙协议书或者章程；（三）专利代理人资格证和身份证的复印件；（四）人员简历及人事档案存放证明和离退休证件复印件；（五）办公场所和工作设施的证明；（六）其他必要的证明材料。由此可知，选项A、B、D正确，选项C错误。

综上，本题正确答案为：A、B、D。

43. 以下哪些情况可以请求恢复权利？

A. 未在期限内答复补正通知书而造成视为撤回的

B. 未在期限内提交不丧失新颖性宽限期的证明文件而造成视为未要求不丧失新颖性宽限期的

C. 分案申请的原申请要求了优先权，而分案申请在提出时未填写优先权声明的

D. 作为本国优先权的在先申请已经被视为撤回的

【答案】A B C

【知识点】请求恢复权利

【解析】《专利法实施细则》第六条第二款及第五款规定，除前款规定的情形外，当事人因其他正当理由延误《专利法》或者该细则规定的期限或者国务院专利行政部门指定的期限，导致其权利丧失的，可以自收到国务院专利行政部门的通知之日起2个月内向国务院专利行政部门请求恢复权利。该条第一款和第二款的规定不适用《专利法》第二十四条、第二十九条、第四十二条、第六十八条规定的期限。选项A为延误了指定的期限，B选项为延误了《专利法实施细则》第三十条第三款规定的期限，可以请求恢复，故选项A、B正确。

《专利审查指南2010》第一部分第一章第6.2.5节规定，视为未要求优先权并属于下列情形之一的，申请人可以根据《专利法实施细则》第六条的规定请求恢复要求优先权的权利：……（4）分案申请的原申请要求了优先权。故选项C正确。

《专利审查指南2010》第一部分第一章第6.2.2.5节规定，申请人要求本国优先权的，其在先申请自在后申请提出之日起即视为撤回。……被视为撤回的在先申请不得请求恢复。故选项D错误。

综上，本题正确答案为：A、B、C。

44. 一件发明专利申请，申请日是2017年3月3日，优先权日是2016年4月5日，申请人欲提交实质审查请求，以下说法正确的是？

A. 申请人应当最晚于2019年4月5日前提出实质审查请求

B. 申请人应当最晚于2020年3月3日前提出实质审查请求

C. 申请人可以在提出实质审查请求时提交对申请的主动修改文件

D. 申请人成功办理费用减缴手续的，实质审查请求费可以减缴

【答案】A C D

【知识点】实质审查请求

【解析】《专利审查指南2010》第一部分第一章第6.4.1节规定，实质审查请求应当在自申请日（有优先权的，指优先权日）起3年内提出，并在此期限内缴纳实质审查费。故选项A正确，选项B错误。

《专利法实施细则》第五十一条第一款规定，发明专利申请人在提出实质审查请求时以及在收到国务院专利行政部门发出的发明专利申请进入实质审查阶段通知书之日起的3个月内，可以对发明专利申请主动提出修改。故选项C正确。

《专利审查指南2010》第五部分第二章第3.1节规定，可以减缴的费用种类：（1）申请费（不包括公布印刷费、申请附加费）；（2）发明专利申请实质审查费；（3）复审费；……

故选项 D 正确。

综上，本题正确答案为：A、C、D。

45. 申请人于2017年5月15日提交一件发明专利申请，并于2017年5月22日收到受理通知书。该申请要求了一项美国优先权，优先权日为2016年6月3日，则以下关于在先申请文件副本的说法正确的是？

  A. 应当在2017年8月15日前提交在先申请文件副本
  B. 应当在2017年8月22日前提交在先申请文件副本
  C. 应当提交在先申请文件副本的中文题录译文
  D. 国家知识产权局通过电子交换等途径从该受理机构获得在先申请文件副本的，可以视为申请人提交了经该受理机构证明的在先申请文件副本

【答案】A C D
【知识点】要求外国优先权
【解析】《专利法》第三十条规定，申请人要求优先权的，应当在申请的时候提出书面声明，并且在3个月内提交第一次提出的专利申请文件的副本。本题中申请的申请日是2017年5月15日，因此提交在先申请文件副本的期限届满日为2017年8月15日，故选项A正确，选项B错误。

《专利审查指南2010》第五部分第一章第3.3节中规定，当事人在提交外文证明文件、证据材料时（例如优先权证明文本、转让证明等），应当同时附具中文题录译文，审查员认为必要时，可以要求当事人在规定的期限内提交全文中文译文或者摘要中文译文。故选项C正确。

《专利法实施细则》第三十一条第一款规定，……依照国务院专利行政部门与该受理机构签订的协议，国务院专利行政部门通过电子交换等途径从该受理机构获得在先申请文件副本的，视为申请人提交了经该受理机构证明的在先申请文件副本。故选项D正确。

综上，本题正确答案为：A、C、D。

46. 申请人甲提交了一份专利申请，后欲将该申请转让给乙，乙想委托代理机构办理专利相关事务。这种情况下应当如何办理著录项目变更手续，以下说法正确的是？

  A. 办理手续时，应当提交两份著录项目变更申报书
  B. 办理手续时，应当提交申请权由甲转让给乙的转让证明以及乙与代理机构签订的专利代理委托书
  C. 申请人应当自提出著录项目变更申报书后2个月内缴纳变更费250元
  D. 该手续可以由乙委托的专利代理机构办理

【答案】B D
【知识点】著录项目变更
【解析】《专利审查指南2010》第一部分第一章第6.7.1.1节中规定，办理著录项目变更手续应当提交著录项目变更申报书。一件专利申请的多个著录项目同时发生变更的，只需提

交一份著录项目变更申报书。由此可知，选项A错误。

《专利审查指南2010》第一部分第一章第6.7.2.2节（2）中规定，申请人（或专利权人）因权利的转让或者赠与发生权利转移提出变更请求的，应当提交转让或者赠与合同。《专利审查指南2010》第一部分第一章6.7.2.4节（4）中规定，专利申请权（或专利权）转移的，变更后的申请人（或专利权人）委托新专利代理机构的，应当提交变更后的全体申请人（或专利权人）签字或者盖章的委托书。由此可知，办理该项手续，需要提交申请人甲签字或盖章的、将权利转让给乙的转让证明，以及乙与代理机构签订的专利代理委托书。故选项B正确。

《专利法实施细则》第九十九条第三款规定，著录项目变更费、专利权评价报告请求费、无效宣告请求书应当自提出请求之日起1个月内缴纳。同时《专利审查指南2010》第一部分第一章第6.7.1.2节中规定，申请人请求变更发明人和/或申请人（或专利权人）的，应当缴纳著录项目变更手续费200元，请求变更专利代理机构和/或专利代理人的，应当缴纳著录项目变更手续费50元。由此可知，申请人应当自提出著录项目变更申报书后1个月内缴纳变更费250元，故选项C错误。

《专利审查指南2010》第一部分第一章第6.7.1.4节中规定，未委托专利代理机构的，著录项目变更手续应当由申请人（或专利权人）或者其代表人办理；已委托专利代理机构的，应当由专利代理机构办理。因权利转移引起的变更，也可以由新的权利人或者其委托的专利代理机构办理。由此可知，选项D正确。

综上，本题正确答案为：B、D。

47. 申请人甲于2017年2月20日提交了一项发明专利申请，该申请要求了两项外国优先权，优先权日分别是2016年4月5日和2016年6月10日，该申请被受理后，申请人发现在申请时忘记在请求书和说明书中写明生物材料的样品信息，保藏日是2016年5月20日，如果申请人想补入该生物材料样品信息，应当如何办理手续？

A. 申请人应当于2017年6月20日前办理补正手续
B. 办理该手续时应当提交修改后的请求书以及该生物材料的样品保藏证明和存活证明
C. 该申请中，保藏日期晚于最早优先权日，因此生物材料的内容不能享有任何优先权
D. 申请人可以声明撤回部分优先权要求或者声明该保藏证明涉及的生物材料的内容不要求享有优先权，以满足保藏日的要求

【答案】ABD

【知识点】涉及生物材料申请的审查

【解析】《专利法实施细则》第二十四条第一款第（三）项规定，涉及生物材料样品保藏的专利申请应当在请求书和说明书中写明该生物材料的分类命名（注明拉丁文名称）、保藏该生物材料样品的单位名称、地址、保藏日期和保藏编号；申请时未写明的，应当自申请日起4个月内补正，期满未补正的，视为未提交保藏。在选项A中，申请人办理该补正手续的时间是自申请日起4个月期限的最后一天，故选项A正确。

《专利法实施细则》第二十四条第一款第（一）项规定，在申请日前或者最迟在申请日（有优先权的，指优先权日），将该生物材料的样品提交国务院专利行政部门认可的保藏单位保藏，并在申请时或者最迟自申请日起 4 个月内提交保藏单位出具的保藏证明和存活证明。故选项 B 正确。

《专利审查指南2010》第一部分第一章5.2.1节规定，保藏证明写明的保藏日期在所要求的优先权日之后，并且在申请日之前的，审查员应当发出办理手续补正通知书，要求申请人在指定的期限内撤回优先权要求或者声明该保藏证明涉及的生物材料的内容不要求享受优先权，期满未答复或者补正后仍不符合规定的，审查员应当发出生物材料样品视为未保藏通知书。在该申请中，保藏日仅晚于第一项优先权的优先权日，该保藏涉及的生物材料的内容仍可享有第二项优先权。故选项 C 错误，选项 D 正确。

综上，本题正确答案为：A、B、D。

48. 以下哪一个期限是以申请日起算的？
    A. 发明专利申请的公布时间
    B. 专利权的保护期限
    C. 专利年度的计算
    D. 提交实质审查请求书的期限

【答案】B C

【知识点】期限的起算日

【解析】《专利审查指南2010》第五部分第八章第1.2.1.1节中规定，发明专利申请经初步审查合格后，自申请日（有优先权的，为优先权日）起满15个月进行公布准备，并于18个月期满时公布。由此可知，如果有优先权，则公布日期是自优先权日起满 18 个月，故选项 A 错误。

《专利法》第四十二条规定，发明专利权的期限为 20 年，实用新型专利权和外观设计专利权的期限是 10 年，均自申请日起算。故选项 B 正确。

《专利审查指南2010》第五部分第九章第2.2.1.1节中规定，专利年度从申请日起算，与优先权日、授权日无关，与自然年度也没有必然联系。故选项 C 正确。

《专利审查指南2010》第一部分第一章第6.4.1节中规定，实质审查请求应当在自申请日（有优先权的，指优先权日）起 3 年内提出，并在此期限内缴纳实质审查费。故选项 D 错误。

综上，本题正确答案为：B、C。

49. 2017年4月1日之后，对于已经公布但尚未公告授予专利权的发明专利申请案卷，可以查阅和复制的案卷内容包括？
    A. 申请文件以及与申请直接有关的手续文件
    B. 公布文件

C. 在初步审查程序中向申请人发出的通知书和决定书、申请人对通知书的答复意见正文

D. 在实质审查程序中向申请人发出的通知书、检索报告和决定书

【答案】ＡＢＣＤ

【知识点】允许查阅和复制的内容

【解析】《专利审查指南2010》（经2017年4月1日生效的第74号局令修改）第五部分第四章第5.2节（2）中规定对于已经公布但尚未公告授予专利权的发明专利申请案卷，可以查阅和复制该专利申请案卷中的有关内容，包括：申请文件，与申请直接有关的手续文件，公布文件，在初步审查程序中向申请人发出的通知书和决定书、申请人对通知书的答复意见正文，以及在实质审查程序中向申请人发出的通知书、检索报告和决定书。故选项Ａ、Ｂ、Ｃ、Ｄ所述内容均为允许查阅和复制的内容。

综上，本题正确答案为：Ａ、Ｂ、Ｃ、Ｄ。

50. 以下关于电子申请的特殊规定正确的是？

A. 电子申请的代表人应当是电子申请的注册用户

B. 电子申请的各种手续应当以电子形式提交，必要时应当在规定的期限内提交纸件原件

C. 电子申请受理范围包括：发明、实用新型和外观设计专利申请、进入国家阶段的国际申请以及复审和无效宣告请求

D. 国家知识产权局电子专利申请系统收到符合专利法及其实施细则规定的专利申请文件之日为申请日

【答案】ＡＢＣＤ

【知识点】电子申请的特殊规定

【解析】《专利审查指南2010》第五部分第十一章第2.1节中规定，申请人有两人以上且未委托专利代理机构的，以提交电子申请的电子申请用户为代表人。《专利审查指南2010》第五部分第十一章第2节规定，电子申请用户是指已经与国家知识产权局签订电子专利申请系统用户注册协议，办理了有关注册手续，获得用户代码和密码的申请人和专利代理机构。可以直接向国家知识产权局提交电子申请的申请人必须是已经注册的电子申请用户，故选项Ａ正确。

《专利审查指南2010》第五部分第十一章第5.5节中规定，申请人提出电子申请并被受理的，办理专利申请的各种手续应当以电子文件形式提交。对《专利法》及其实施细则和该指南中规定的必须以原件形式提交的文件，例如，费用减缓证明、专利代理委托书、著录项目变更证明和复审及无效程序中的证据等，应当在《专利法》及其实施细则和该指南中规定的期限内提交纸件原件。故选项Ｂ正确。

《专利审查指南2010》第五部分第十一章第4节中规定，电子申请受理范围包括：(1)发明、实用新型和外观设计专利申请。(2)进入国家阶段的国际申请。(3)复审和无效宣告请求。故选项Ｃ正确。

《专利审查指南2010》第五部分第十一章第4.2节中规定，专利局电子专利申请系统收

到电子文件的日期为递交日。专利局电子专利申请系统收到符合《专利法》及其实施细则规定的专利申请文件之日为申请日。故选项 D 正确。

综上，本题正确答案为：A、B、C、D。

51. 如果国际检索单位认为一件 PCT 国际申请没有满足发明单一性的要求，则下列说法哪些是正确的？

  A. 申请人未在规定期限内缴纳检索附加费的，国际检索单位应当宣布不作出国际检索报告

  B. 申请人在规定期限内缴纳检索附加费的，国际检索单位应当对国际申请的全部权利要求作出国际检索报告

  C. 申请人在规定期限内缴纳检索附加费和异议费的，如果异议成立，检索附加费和异议费将被退回

  D. 申请人未在规定期限内缴纳检索附加费的，且在进入中国国家阶段后，未按规定缴纳单一性恢复费的，申请人不得提出分案申请

【答案】BCD

【知识点】国际检索单位的程序　分案申请

【解析】《专利合作条约》第 17 条"国际检索单位的程序"规定，……（3）（a）如果国际检索单位认为国际申请不符合细则中规定的发明单一性的要求，该检索单位应要求申请人缴纳附加费。国际检索单位应对国际申请的权利要求中首先提到的发明（"主要发明"）部分作出国际检索报告；在规定期限内付清要求的附加费后，再对国际申请中已经缴纳该项费用的发明部分作出国际检索报告。故选项 A 错误，选项 B 正确。

《专利合作条约实施细则》第 40 条"缺乏发明单一性（国际检索）"之 40.2"附加费"规定，……（c）任何申请人可以在缴纳附加费时提出异议，即附一说明理由的声明，说明该国际申请符合发明单一性的要求或者说明要求缴纳的附加费数额过高。该项异议应由设立在国际检索单位机构内的一个复核组进行审查，在其认为异议有理由的限度内，应将附加费的全部或者一部分退还申请人。根据申请人的请求，异议及其决定的文本应连同国际检索报告一起通知指定局。……（e）……如果（c）所述的复核组认为异议完全成立，异议费应当退还给申请人。故选项 C 正确。

《专利法实施细则》第一百一十五条第二款规定，在国际阶段，国际检索单位或者国际初步审查单位认为国际申请不符合《专利合作条约》规定的单一性要求时，申请人未按照规定缴纳附加费，导致国际申请某些部分未经国际检索或者未经国际初步审查，在进入中国国家阶段时，申请人要求将所述部分作为审查基础，国务院专利行政部门认为国际检索单位或者国际初步审查单位对发明单一性的判断正确的，应当通知申请人在指定期限内缴纳单一性恢复费。期满未缴纳或者未足额缴纳的，国际申请中未经检索或者未经国际初步审查的部分视为撤回。《专利法实施细则》第四十二条第一款规定，一件专利申请包括两项以上发明、实用新型或者外观设计的，申请人可以在该细则第五十四条第一款规定的期限届满前，向国

务院专利行政部门提出分案申请；但是，专利申请已经被驳回、撤回或者视为撤回的，不能提出分案申请。《专利审查指南2010》第三部分第二章第5.5节中规定，对于申请人因未缴纳单一性恢复费而删除的发明，根据《专利法实施细则》第一百一十五条第二款、第四十二条第一款的规定，申请人不得提出分案申请。故选项D正确。

综上，本题正确答案为：B、C、D。

52. 在PCT国际申请体系中，中国国家知识产权局承担以下哪些职能？
　　A. 受理PCT国际申请
　　B. 负责PCT国际申请的公布出版
　　C. 作为国际检索单位，制定国际检索报告
　　D. 作为国际初步审查单位，制定专利性国际初步报告

【答案】ACD
【知识点】国家知识产权局的职能
【解析】《专利合作条约实施细则》第19条"主管受理局"之19.1"在哪里申请"(a)规定，除(b)另有规定之外，国际申请应按照申请人的选择，(i)向申请人是其居民的缔约国的或者代表该国的国家局提出；或(ii)向申请人是其国民的缔约国的或者代表该国的国家局提出；(iii)向国际局提出，而与申请人是其居民或者国民的缔约国无关。《关于中国实施专利合作条约的规定》第四条第一款规定，专利局作为国际申请的受理局，负责受理中国国民，或者在中国有经常居所或者营业所的外国人、外国企业或者外国其他组织提出的国际申请，并按照条约、条约实施细则和条约行政规程的规定对该国际申请进行检查和处理。故选项A正确。

《专利合作条约》第21条"国际公布"之(1)规定，国际局应公布国际申请。故选项B错误。

《专利合作条约》第16条"国际检索单位"规定，(1)国际检索应由国际检索单位进行。该单位可以是一个国家局，或者是一个政府间组织，如国际专利机构，其任务包括对作为申请主题的发明提出现有技术的文献检索报告。……《关于中国实施专利合作条约的规定》第九条第一款规定，专利局作为国际申请的主管国际检索单位，应当按照条约、条约实施细则、条约行政规程以及专利局与国际局依照条约第十六条第三款签订的协议的规定对该申请进行国际检索。故选项C正确。

《专利合作条约》第32条"国际初步审查单位"之(2)规定，受理局（指第31条(2)(a)所述的要求的情形）和大会（指第31条(2)(b)所述的要求的情形）应按照有关的国际初步审查单位与国际局之间适用的协议，确定一个或几个主管初步审查的国际初步审查单位。《关于中国实施专利合作条约的规定》第十三条第一款规定，专利局作为国际申请的主管国际初步审查单位，应当按照条约、条约实施细则、条约行政规程以及专利局与国际局根据条约第三十二条签订的协议的规定对国际申请进行国际初步审查。故选项D正确。

综上，本题正确答案为：A、C、D。

53. 根据《专利合作条约》的规定，允许申请人在国家阶段提出复查请求的情况包括？
    A. 受理局拒绝给予国际申请日
    B. 受理局宣布国际申请已被视为撤回
    C. 国际检索单位宣布不作出国际检索报告
    D. 国际局由于在规定期限内没有收到国际申请的登记本而宣布该申请被视为撤回

【答案】A B D
【知识点】国家阶段的复查
【解析】《专利合作条约》第25条"指定局的复查"规定，(1)(a)如果受理局拒绝给予国际申请日，或者宣布国际申请已被视为撤回，或者如果国际局已经按第12条（3）作出认定，国际局应该根据申请人的请求，立即将档案中任何文件的副本送交申请人指明的任何指定局。……其中第12条（3）规定，如果国际局在规定的期限内没有收到登记本，国际申请即被视为撤回。

综上，本题正确答案为：A、B、D。

54. 对于一件涉及生物材料的 PCT 国际申请，如果申请人请求进入中国国家阶段，则下列说法哪些是正确的？
    A. 申请人应当在国际阶段对生物材料样品的保藏作出说明，包括保藏单位名称和地址、保藏日期、保藏编号
    B. 申请人应当在进入声明中指明记载生物材料样品保藏事项的文件以及在该文件中的具体记载位置
    C. 申请人未在进入声明中指明生物材料样品保藏事项的，应当自进入日起4个月内补正，期满未补正的，该申请视为撤回
    D. 申请人应当自进入日起4个月内提交生物材料样品保藏证明和存活证明，期满未提交的，该申请视为撤回

【答案】A B
【知识点】生物材料样品的保藏
【解析】《专利合作条约实施细则》第13条之二.3"记载：内容；未作记载或者说明"规定，(a)对保藏的生物材料的记载应说明下列事项：(i)进行保藏的保藏单位的名称和地址；(ii)在该单位保藏生物材料的日期；(iii)该单位对保藏物给予的人藏号；……故选项A正确。

《专利法实施细则》第一百零八条第一款规定，申请人按照专利合作条约的规定，对生物材料样品的保藏已作出说明的，视为已经满足了本细则第二十四条第（三）项的要求。申请人应当在进入中国国家阶段声明中指明记载生物材料样品保藏事项的文件以及在该文件中的具体记载位置。故选项B正确。

《专利法实施细则》第一百零八条第二款规定，申请人在原始提交的国际申请的说明书中已记载生物材料样品保藏事项，但是没有在进入中国国家阶段声明中指明的，应当自进入

日起 4 个月内补正。期满未补正的，该生物材料视为未提交保藏。故选项 C 错误。

《专利法实施细则》第一百零八条第三款规定，申请人自进入日起 4 个月内向国务院专利行政部门提交生物材料样品保藏证明和存活证明的，视为在该细则第二十四条第（一）项规定的期限内提交。《专利审查指南2010》第三部分第一章第 5.5.3 节规定，由于国际申请的特殊程序，提交生物材料样品保藏证明和存活证明的期限是自进入日起 4 个月。对保藏证明和存活证明内容的审查，适用该指南第一部分第一章第 5.2.1 节的规定。即在自申请日起 4 个月内，申请人未提交生物材料存活证明，又没有说明未能提交该证明的正当理由的，该生物材料样品视为未提交保藏，审查员应当发出生物材料样品视为未保藏通知书。故选项 D 错误。

综上，本题正确答案为：A、B。

55. 申请人在韩国提出了一件 PCT 国际申请，国际申请日是 2015 年 3 月 2 日。申请人在国际阶段办理了恢复优先权手续，经审查合格后确定的优先权日是 2014 年 2 月 14 日。该 PCT 国际申请于 2016 年 8 月 14 日进入中国国家阶段。下列说法哪些是正确的？

A. 如果该申请被授予专利权，则专利权的期限自 2014 年 2 月 14 日起计算
B. 进入中国国家阶段后，申请人可以要求增加一项新的优先权，该在先申请的申请日为 2014 年 4 月 11 日
C. 对于一项因在国际阶段未提供在先申请的申请号，进入声明中仍未写明在先申请的申请号而被视为未要求的优先权，申请人可以在进入中国国家阶段后请求恢复该项优先权
D. 如果作为优先权基础的在先申请是一件中国国家申请，应当看作是要求本国优先权

【答案】C D
【知识点】PCT 申请在中国国家阶段的优先权要求
【解析】《专利法》第四十二条规定，发明专利权的期限为 20 年，实用新型和外观设计专利权的期限为 10 年，均自申请日起计算。《专利法实施细则》第一百零二条规定，按照《专利合作条约》已确定国际申请日并指定中国的国际申请，视为向国务院专利行政部门提出的专利申请，该国际申请日视为《专利法》第二十八条所称的申请日。因此，本题中，专利权的期限应当自 2015 年 3 月 2 日起计算，故选项 A 错误。

《专利审查指南2010》第三部分第一章第 5.2.1 节中规定，进入国家阶段不允许提出新的优先权要求。故选项 B 错误。

《专利审查指南2010》第三部分第一章第 5.2.5 节中规定，国际申请在进入国家阶段后，由于下述情形之一导致视为未要求优先权的，可以根据《专利法实施细则》第六条的规定请求恢复要求优先权的权利：（1）申请人在国际阶段没有提供在先申请的申请号，进入声明中仍未写明在先申请的申请号……故选项 C 正确。

《专利审查指南2010》第三部分第一章第 5.2.6 节中规定，在先申请是在中国提出的，要求优先权的国际申请进入国家阶段，应当看作是要求本国优先权。故选项 D 正确。

综上，本题正确答案为：C、D。

56. 关于PCT国际申请在中国国家阶段提交的译文，下列说法哪些是正确的？

   A．国际申请以外文提出的，在进入国家阶段时，应当提交原始国际申请的说明书、权利要求书、摘要和附图中的文字的译文

   B．审查基础文本声明中提及国际阶段的修改的，应当自进入日起2个月内提交该修改文件的译文

   C．申请人可以在国家知识产权局作好公布发明专利申请或者公告实用新型专利权的准备工作之前，或是在收到国家知识产权局发出的发明专利申请进入实质审查阶段通知书之日起3个月内主动提出改正译文错误

   D．基于国际申请授予的专利权，译文有误时，以国家知识产权局授权时的保护范围为准

【答案】A B C

【知识点】PCT国家阶段提交的译文

【解析】《专利法实施细则》第一百零四条规定，申请人依照该细则第一百零三条的规定办理进入中国国家阶段的手续的，应当符合下列要求：……（三）国际申请以外文提出的，提交原始国际申请的说明书和权利要求书的中文译文……（五）国际申请以外文提出的，提交摘要的中文译文，有附图和摘要附图的，提交附图副本和摘要附图副本，附图中有文字的，将其替换为对应的中文文字；国际申请以中文提出的，提交国际公布文件中的摘要和摘要附图副本。故选项A正确。

《专利法实施细则》第一百零六条规定，国际申请在国际阶段作过修改，申请人要求以经修改的申请文件为基础进行审查的，应当自进入日起2个月内提交修改部分的中文译文。《专利审查指南2010》第三部分第一章第3.1.6节中规定，审查基础文本声明中提及国际阶段的修改的，应当自进入日起2个月内提交该修改文件的译文。故选项B正确。

《专利法实施细则》第一百一十三条第一款规定，申请人发现提交的说明书、权利要求书或者附图中的文字的中文译文存在错误的，可以在下列规定期限内依照原始国际申请文本提出改正：（一）在国务院专利行政部门作好公布发明专利申请或者公告实用新型专利权的准备工作之前；（二）在收到国务院专利行政部门发出的发明专利申请进入实质审查阶段通知书之日起3个月内。故选项C正确。

《专利法实施细则》第一百一十七条规定，基于国际申请授予的专利权，由于译文错误，致使依照《专利法》第五十九条规定确定的保护范围超出国际申请的原文所表达的范围的，以依据原文限制后的保护范围为准；致使保护范围小于国际申请的原文所表达的范围的，以授权时的保护范围为准。故选项D错误。

综上，本题正确答案为：A、B、C。

57. 下列关于PCT国际申请的说法哪些是正确的？

   A．申请人可以依据《专利合作条约》提交PCT国际申请，也可以依据《保护工业产权巴

黎公约》直接向外国提交专利申请

B. 国际初步审查程序是PCT国际申请的必经程序

C. 国际检索单位书面意见和专利性国际初步报告是国际单位对作为国际申请主题的发明是否有新颖性、创造性和工业实用性提出的初步的、无约束力的意见

D. 有些PCT国际申请的主题，如原子核变换方法，即使国际单位经检索认为其具备新颖性和创造性，也无法在中国获得专利权

【答案】ACD

【知识点】PCT国际申请制度的基本特点

【解析】《专利合作条约》第3条"国际申请"中规定，(1)在任何缔约国，保护发明的申请都可以按照该条约作为国际申请提出。……另外，根据《保护工业产权巴黎公约》的国民待遇原则，在工业产权保护方面，公约各成员国必须在法律上给予公约其他成员国相同于其该国国民的待遇；即使是非成员国国民，只要他在公约某一成员国内有住所，或有真实有效的工商营业所，亦应给予相同于该国国民的待遇。故选项A正确。

《专利合作条约》第31条"要求国际初步审查"中规定，(1)经申请人要求，对国际申请应按下列规定和细则进行国际初步审查。……国际初步审查程序是国际阶段的可选程序，如果申请人未要求国际初步审查的，则不进行国际初步审查。故选项B错误。

《专利审查指南2010》第三部分第二章第5.1节中规定，国际申请的国际初步审查是根据《专利合作条约》第33条（1）的规定对请求保护的发明看起来是否有新颖性、是否有创造性（非显而易见性）和是否有工业实用性提出初步的无约束力的意见。故选项C正确。

《专利审查指南2010》第三部分第二章第5.2节中规定，进入国家阶段的国际申请属于《专利法》第五条或专利法第二十五条规定不授予专利权的发明创造（例如赌博工具、原子核变换方法）的，即使其申请主题不属于《专利合作条约实施细则》第39条规定所排除的内容，也不能被授予专利权。故选项D正确。

综上，本题正确答案为：A、C、D。

58. 一件PCT国际申请，国际申请日是2017年6月1日。申请人在国际阶段办理了恢复优先权手续，经审查合格后确定的优先权日是2016年5月14日。下列说法哪些是正确的？

A. 申请人最迟应当在2019年1月14日前办理进入中国国家阶段手续

B. 申请人最迟应当在2020年2月1日前办理进入中国国家阶段手续

C. 该PCT申请如果要求获得发明专利，申请人最迟应当在2019年5月14日前提出实质审查请求

D. 该PCT申请如果要求获得发明专利，申请人最迟应当在2020年6月1日前提出实质审查请求

【答案】AD

【知识点】办理进入国家阶段手续和提出实质审查请求的期限　恢复优先权的保留

【解析】《专利法实施细则》第一百零三条规定，国际申请的申请人应当在《专利合作条

约》第2条所称的优先权日（本章简称优先权日）起30个月内，向国务院专利行政部门办理进入中国国家阶段的手续；申请人未在该期限内办理该手续的，在缴纳宽限费后，可以在自优先权日起32个月内办理进入中国国家阶段的手续。《专利审查指南2010》第三部分第一章第2节中规定，因中国对《专利合作条约》及其实施细则的有关规定作出保留，而使国际申请的优先权在国家阶段不成立的，办理进入国家阶段手续的期限仍按照原最早优先权日起算。故申请人最迟应当在自优先权日2016年5月14日起32个月内办理进入国家阶段手续，即最迟应当在2019年1月14日前办理进入国家阶段手续。故选项A正确，选项B错误。

《专利审查指南2010》第三部分第一章第5.2.1节中规定，因中国对《专利合作条约》及其实施细则的有关规定作出保留，专利局对国际申请在国际阶段恢复的优先权（例如，国际申请日在该优先权日起12个月之后、14个月之内）不予认可，相应的优先权要求在中国不发生效力，审查员应当针对该项优先权要求发出视为未要求优先权通知书。本题中的PCT申请的申请日在其所要求的优先权日起12个月之后、14个月之内，其优先权要求在中国不发生效力，如果该PCT申请指定了中国的发明专利，则申请人最迟应当在自申请日2017年6月1日起3年内，即2020年6月1日之前提出实质审查请求。故选项C错误，选项D正确。

综上，本题正确答案为：A、D。

59. 下列有关实用新型专利申请的说法，哪些是正确的？

　　A. 实用新型专利权的期限为10年，自授权公告之日起计算
　　B. 在初步审查中，国家知识产权局应当对实用新型是否明显不具备新颖性进行审查
　　C. 属于一个总的发明构思的两项以上的实用新型，可以作为一件实用新型专利申请提出
　　D. 对于不需要补正就符合初步审查要求的实用新型专利申请，国家知识产权局可以直接作出授予实用新型专利权的决定

【答案】BCD

【知识点】实用新型的审查

【解析】《专利法》第四十二条规定，实用新型专利权的期限为10年，自申请日起算。因此，选项A说法不正确。根据《专利法实施细则》第四十四条第一款的规定，初步审查需要审查实用新型专利申请是否明显不符合《专利法》第二十二条第二款的规定，因此选项B正确。根据《专利法》第三十一条第一款的规定，属于一个总的发明构思的两项以上实用新型，可以作为一件申请提出。因此选项C正确。《专利审查指南2010》第一部分第二章第3.1节规定，实用新型专利申请经初步审查没有发现驳回理由的，审查员应当作出授予实用新型专利权的通知。能够授予专利权的实用新型专利法申请包括不需要补正就符合初步审查要求的专利申请，以及经过补正符合初步审查要求的专利申请。因此选项D正确。

综上，本题正确答案为：B、C、D。

60. 涉及实用新型的以下说法，哪些是不正确的？

　　A. 自申请日起 3 个月内，实用新型专利申请人对申请文件提出的修改属于主动修改，专利局应予以接受

　　B. 相同主题的外观设计专利申请可以作为实用新型专利申请的本国优先权基础

　　C. 分案申请可以作为实用新型专利申请的本国优先权基础

　　D. 申请人在修改实用新型的申请文件时，即使是对明显错误的更正，这样的修改也将超出原说明书和权利要求书记载的范围

【答案】A B C D

【知识点】实用新型的初步审查

【解析】根据《专利法实施细则》第五十一条第二款的规定，实用新型专利申请人自申请日起 2 个月内，可以进行主动修改。由于主动修改的期限并非申请日起的 3 个月内，因而选项 A 中的说法是不正确。根据《专利审查指南 2010》第一部分第一章第 6.2.2.1 节的规定，对于本国优先权，在先申请应当是发明或者实用新型专利申请，不能是外观设计专利申请，也不应当是分案申请，分案申请由于不是首次申请，其不能作为优先权基础，因此选项 B、C 的说法是错误的。根据《专利审查指南 2010》第一部分第二章第 8 节的规定，修改过程中对明显错误的更正，不能被认为是超出了原说明书和权利要求书记载的范围。因而，选项 D 的说法是错误的。

综上，本题正确答案为：A、B、C、D。

61. 关于实用新型的保护客体，以下说法正确的是？

　　A. 将若干一次性水杯摆放成有利于运动员拿取的楔形，这样的水杯造型产品属于实用新型保护客体

　　B. 含有无确定形状的水银或酒精的温度计，属于实用新型的保护客体

　　C. 一种带有棱柱形蜡烛的音乐开关，随着蜡烛的熔化变形而实现电路的转换，该开关属于实用新型的保护客体

　　D. 堆积成圆台状的建筑沙子属于实用新型的保护客体

【答案】B C

【知识点】实用新型保护客体

【解析】根据《专利法》第二条第三款的规定，实用新型专利只保护产品。所述产品应当是经过产业方法制造的，有确定形状、构造且占据一定空间的实体。对于实用新型保护客体中的"形状"，《专利审查指南 2010》第一部分第二章第 6.2.1 节规定，不能以摆放、堆积等方法获得的非确定的形状作为产品的形状特征。由于选项 A、D 中的形状特征属于以摆放、堆积形成的形状，不符合实用新型保护客体的相关规定。《专利审查指南 2010》第一部分第二章第 6.2 节还规定，允许实用新型产品中的某个技术特征为无确定形状的物质，且产品的形状可以是在某种特定情况下所具有的确定的空间形状。选项 B、C 中的产品就属于该指南中所规定的情形，因而属于实用新型保护客体。

综上，本题正确答案为：B、C。

62. 李某于 2015 年 4 月 1 日向国家知识产权局提交了一份关于塑料肥皂盒的实用新型申请，该肥皂盒底部具有用于排出积水的椭圆孔，该申请于 2015 年 7 月 15 日获得授权公告，在后续评价该实用新型专利创造性的过程中，下列哪些技术文献不适于作为判断该专利创造性的对比文件？

　　A. 由某企业于 2015 年 3 月 23 日提出申请、并于 2015 年 9 月 28 日公布的发明专利申请，该申请公开了一种具有长方孔的储物盒，长方孔用于排出积水

　　B. 于 2014 年 3 月公开的某美国专利文件，其公开了一种底部具有椭圆形开孔的齿轮箱，椭圆形开孔用于通风散热

　　C. 于 1994 年 5 月出版的某塑料行业期刊，其中一篇文章介绍了一种注塑成型设备，并公开了使用该设备制造底部具有排水槽的肥皂盒的工艺过程

　　D. 于 2013 年 8 月公开了中国专利文件，其公开了一种与洗手池固定在一起的陶瓷肥皂盒，该肥皂盒底部具有镂空的排水孔

【答案】A B

【知识点】实用新型创造性的判断

【解析】按照《专利审查指南 2010》第四部分第六章第 4 节的规定，判断实用新型创造性的概念、原则、基准参照发明创造性的判断方法，但在技术启示的判断上，需注意技术领域和现有技术数量的区别。对于本题来说，选项 A 中的专利文件虽然申请日早于该专利，但其公开日晚于该专利，不能在创造性判断中作为现有技术文件使用。选项 B 中的专利文件与该专利不属于相同技术领域，且该现有技术也不属于与该专利相近或相关的技术领域，因此该文件也不适于在创造性判断中使用。选项 C、D 中的现有技术属于与该专利相同或相近的技术领域，且公开在申请日前，可与其他现有技术进行结合来判断该专利的创造性。

综上，本题正确答案为：A、B。

63. 下列在请求书中写明的使用外观设计的产品名称哪些不正确？
　　A. 带有图形用户界面的手机
　　B. 手动工具
　　C. 祛皱美白精华素包装瓶
　　D. 小米运动手环

【答案】B C D

【知识点】使用外观设计的产品名称

【解析】《专利审查指南 2010》第一部分第三章第 4.1.1 节规定了使用外观设计产品名称应该避免的若干情形。选项 B 的手动工具属于过于上位的名称，选项 C 的祛皱美白精华素包装瓶属于描述了技术效果的名称，选项 D 小米运动手环属于含有产品商标的名称，选项 B、C、D 均属于在产品名称中应当避免出现的情形，因此选项 B、C、D 中外观设计的产品

名称均不正确。对于要求保护的产品中带有图形用户界面的，应当在产品名称中同时写明包含"界面"的关键词及其应用的具体产品，因此选项 A 中外观设计的产品名称正确。

综上，本题正确答案为：B、C、D。

64. 下列各图是一款食物料理机的外观设计专利申请的视图，已知主视图和立体图正确，下列哪些视图明显错误？

　　A. 左视图
　　B. 右视图
　　C. 俯视图
　　D. 仰视图

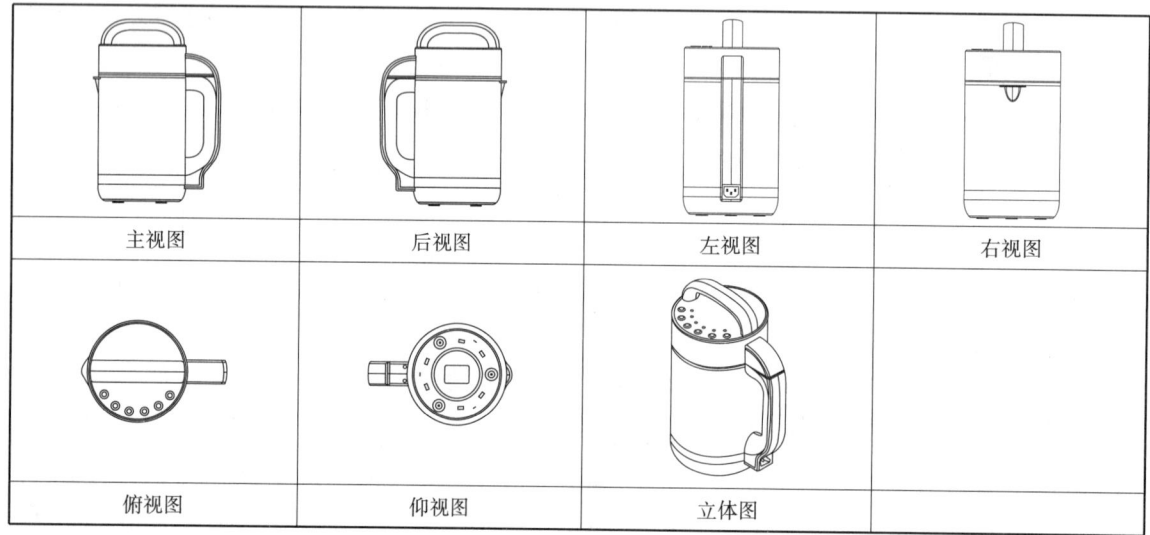

【答案】A B C D

【知识点】外观设计图片或者照片的缺陷

【解析】《专利审查指南2010》第一部分第三章第4.2.4节规定了属于"图片或照片的缺陷"的情形。已知主视图和立体图正确，从主视图的壶把手可知，左视图和右视图的视图名称互为颠倒。俯视图的控制按钮与立体图不对应，比立体图缺少了六个小圆形结构。仰视图方向错误，应该旋转180度。因此选项 A、B、C、D 中的视图都存在明显错误。

综上，本题正确答案为：A、B、C、D。

65. 下列哪些内容可以在外观设计简要说明中写明？

　　A. 一个玻璃水杯，写明该产品由透明材料制成
　　B. 一套茶具，写明套件1为茶壶，套件2为茶杯，套件3为茶碟
　　C. 一款汽车，写明其为新能源动力驱动
　　D. 一幅花布，写明其单元图案为四方连续无限定边界并请求保护色彩

【答案】ＡＢＤ

【知识点】《专利法实施细则》第二十八条、《专利审查指南2010》第一部分第三章简要说明的撰写要求

【解析】如果产品的外观设计由透明材料或者具有特殊视觉效果的新材料制成，必要时应当在简要说明中写明，选项A正确。如果外观设计产品属于成套产品，必要时应当写明各套件所对应的产品名称，因此选项B正确。对于花布、壁纸等平面产品，必要时应当描述平面产品中的单元图案两方连续或者四方连续等无限定边界的情况，因此选项D正确。简要说明中不得使用商业性宣传用语，也不能用来说明产品的性能和内部结构，选项C属于对产品性能的说明，因此选项C不正确。

综上，本题正确答案为：A、B、D。

66. 下列选项哪些属于不授予外观设计专利的情形？

A. "王者荣耀"游戏界面
B. 带有网格设计的屏幕壁纸
C. 手机开机画面设计
D. 网站网页的图文排版

【答案】ＡＢＣＤ

【知识点】审查指南第一部分第三章第7.4节的外观设计专利申请审查

【解析】国家知识产权局公布的第68号令，内容是关于修改《专利审查指南2010》的决定，针对其第一部分第三章第7.4节第一段第（11）项原文："产品通电后显示的图案，例如，电子表表盘显示的图案、手机显示屏上显示的图案、软件界面等"，修改成"游戏界面以及与人机交互无关或与实现产品功能无关的产品显示装置所显示的图案，例如，电子屏幕壁纸、开关机画面、网站网页的图文排版"。选项A属于游戏界面，选项B、C、D属于与人机交互无关或与实现产品功能无关的产品显示装置所显示的图案。所以，选项A、B、C、D均不能授予专利权。

综上，本题正确答案为：A、B、C、D。

67. 下列哪些情况属于涉案专利与对比设计相比是实质相同的外观设计？

A. 仅在于具体的叶片数不同的两个百叶窗
B. 仅在于底部的支脚设计不同的两个冰箱
C. 一个正方形包装盒和带有相同图案和色彩的圆形包装盒
D. 电影院中五连排座椅和十五连排座椅

【答案】ＡＢＣＤ

【知识点】外观设计实质相同

【解析】《专利审查指南2010》第四部分第五章第5.1.2节规定，外观设计实质相同的判断仅限于相同或者相近种类的产品外观设计。对于产品种类不相同也不相近的外观设计，不

进行涉案专利与对比设计是否实质相同的比较和判断，即可认定涉案专利与对比设计不构成实质相同，例如，毛巾和地毯的外观设计。相近种类的产品是指用途相近的产品。例如，玩具和小摆设的用途是相近的，两者属于相近种类的产品。应当注意的是，当产品具有多种用途时，如果其中部分用途相同，而其他用途不同，则二者应属于相近种类的产品。如带MP3的手表与手表都具有计时的用途，二者属于相近种类的产品。如果一般消费者经过对涉案专利与对比设计的整体观察可以看出，二者的区别仅属于下列情形，则涉案专利与对比设计实质相同：（1）其区别在于施以一般注意力不能察觉到的局部的细微差异，例如，百叶窗的外观设计仅有具体叶片数不同；（2）其区别在于使用时不容易看到或者看不到的部位，但有证据表明在不容易看到部位的特定设计对于一般消费者能够产生引人瞩目的视觉效果的情况除外；（3）其区别在于将某一设计要素整体置换为该类产品的惯常设计的相应设计要素，例如，将带有图案和色彩的饼干桶的形状由正方体置换为长方体；（4）其区别在于将对比设计作为设计单元按照该种类产品的常规排列方式作重复排列或者将其排列的数量作增减变化，例如，将影院座椅成排重复排列或者将其成排座椅的数量作增减；（5）其区别在于互为镜像对称。其中，选项 A 属于情形（1），选项 B 属于情形（2），选项 C 属于情形（3），选项 D 属于情形（4）。

综上，本题正确答案为：A、B、C、D。

68. 专利法第二十三条第三款中授予专利权的外观设计不得与他人在申请日前取得的合法权利相冲突中的合法权利的类型是包括以下哪项？

　　A. 商号权
　　B. 在先专利权
　　C. 肖像权
　　D. 著作权

【答案】A C D

【知识点】《专利法》第二十三条第三款所称的合法权利

【解析】《专利审查指南2010》第四部分第五章第7节中规定，一项外观设计专利权被认定与他人在申请日（有优先权的，指优先权日）之前已经取得的合法权利相冲突的，应当宣告该项外观设计专利权无效。合法权利，是指依照中华人民共和国法律享有并且在涉案专利申请日仍然有效的权利或者权益。包括商标权、著作权、企业名称权（包括商号权）、肖像权以及知名商品特有包装或者装潢使用权等。其中选项 A、C、D 属于上述规定的合法权利，而选项 B 是在先专利权，不适用《专利法》第二十三条第三款的审查。

综上，本题正确答案为：A、C、D。

69. 根据专利法实施细则第56条第1款的规定，专利权人或者利害关系人可以请求国家知识产权局作出专利权评价报告，下列哪些属于利害关系人？

　　A. 专利实施独占许可合同的被许可人

B. 专利权人授予起诉权的专利实施普通许可合同的被许可人
C. 无效宣告请求人
D. 被控侵权人

【答案】A B
【知识点】专利权评价报告的请求人资格
【解析】《专利审查指南2010》第五部分第十章第2.2节中规定，根据《专利法实施细则》第五十六条第一款的规定，专利权人或者利害关系人可以请求国家知识产权局作出专利权评价报告。其中，利害关系人是指有权根据《专利法》第六十条的规定就专利侵权纠纷向人民法院起诉或者请求管理专利工作的部门处理的人，例如专利实施独占许可合同的被许可人和由专利权人授予起诉权的专利实施普通许可合同的被许可人。根据上述规定可知，专利权评价报告的请求人是可以对专利权主张权利的人，显然选项C、D的无效宣告请求人和被控侵权人不属于此列，而选项A、B所述人员符合上述规定。

综上，本题正确答案为：A、B。

70. 下列有关说明书摘要的说法哪些是正确的？
    A. 说明书摘要仅是一种技术情报，不具有法律效力
    B. 说明书摘要属于发明或者实用新型原始记载的内容
    C. 说明书摘要不能用来解释专利权的保护范围
    D. 有附图的专利申请，申请人还应当提供一幅最能说明该发明或者实用新型技术特征的附图作为摘要附图

【答案】A C D
【知识点】说明书摘要
【解析】《专利审查指南2010》第二部分第二章第2.4节中规定，摘要是说明书公开内容的概述，它仅是一种技术情报，不具有法律效力。摘要的内容不属于发明或者实用新型原始记载的内容，不能作为以后修改说明书或者权利要求书的根据，也不能用来解释专利权的保护范围。由此可知，选项A、C正确，选项B错误。根据《专利法实施细则》第二十三条第二款的规定，有附图的专利申请，还应当提供一幅最能说明该发明或者实用新型技术特征的附图。由此可知，选项D正确。

综上，本题正确答案为：A、C、D。

71. 下列权利要求的主题名称中，不能清楚表明其类型的是：
    A. 用于钢水浇铸的模具
    B. 空调作为空气净化机的应用
    C. 一种电话机及其制造方法
    D. 一种改进的除草技术

【答案】C D

【知识点】权利要求的类型

【解析】《专利审查指南2010》第二部分第二章第3.1.1节规定，按照性质划分，权利要求有两种基本类型，产品权利要求和方法权利要求。第一种基本类型的权利要求包括人类技术生产的物（产品、设备），第二种基本类型的权利要求包括有时间过程要素的活动（方法、用途）。属于物的权利要求有物品、物质、材料、工具、装置、设备等权利要求，属于活动的权利要求有制造方法、使用方法、通讯方法、处理方法以及将产品用于特定用途的方法等权利要求。选项A的类型是产品，选项B涉及一种应用，用途发明属于方法发明。选项C、D并不能清楚地表明权利要求的类型是产品还是方法。由此可知，选项A、B错误，选项C、D正确。

综上，本题正确答案为：C、D。

72. 以下关于说明书的说法正确的是：
   A. 说明书中不得使用商品名称
   B. 说明书中不得使用"如权利要求……所述的……"一类的引用语
   C. 说明书中不得使用商业性宣传用语
   D. 说明书中不得采用自定义词

【答案】BC

【知识点】说明书的撰写

【解析】《专利法实施细则》第十七条第三款明确规定，发明或者实用新型说明书应当用词规范、语句清楚，并且不得使用"如权利要求……所述的……"一类的引用语，也不得使用商业性宣传用语。由此可知，选项B、C正确。《专利审查指南2010》第二部分第二章第2.2.7节规定，说明书中无法避免使用商品名称时，其后应当注明其型号、规格、性能及制造单位。说明书中，必要时可以采用自定义词，在这种情况下，应当给出明确的定义或者说明。由此可知，选项A、D错误。

综上，本题正确答案为：B、C。

73. 关于分案申请，以下说法正确的是：
   A. 分案申请的内容不得超出原申请记载的范围
   B. 分案申请的权利要求书与分案以后的原申请的权利要求书应当分别要求保护不同的发明
   C. 分案申请的说明书与分案以后的原申请的说明书必须相同
   D. 分案申请应当在其说明书的起始部分说明本申请是哪一件申请的分案申请

【答案】ABD

【知识点】分案申请

【解析】根据《专利法实施细则》第四十三条的规定，分案申请不得超出原申请记载的范围。《专利审查指南2010》第二部分第六章第3.2节中规定，分案申请应当在其说明书的起始部分，即发明所属技术领域之前，说明本申请是哪一件申请的分案申请，……分案以后的原申请与分案申请的权利要求书应当分别要求保护不同的发明；而它们的说明书可以允许有不同的情况。由此可知，选项A、B、D正确，选项C错误。

综上，本题正确答案为：A、B、D。

74. 钟某的下列有关肺病的预防与治疗方面研究成果中，哪些属于不授予专利权的申请?
　　A. 雾霾导致肺癌发生率明显上升的发现
　　B. 发明了一套促进肺气肿患者康复的理疗仪器
　　C. 发明了一种精确诊断早期肺癌的方法
　　D. 发明了一种治疗肺结核的中成药制品

【答案】AC
【知识点】不予授予专利权的主题
【解析】根据《专利法》第二十五条第一款第（一）项规定，科学发现不能被授予专利权，因此选项A不能授予专利权。由此可知，选项A正确。根据《专利法》第二十五条第一款第（三）项规定，疾病的诊断和治疗的方法不能授予专利权，因此选项C不能授予专利权。由此可知，选项C正确。《专利审查指南2010》第二部分第一章第4.3节规定，用于实施疾病诊断和治疗方法的仪器或装置，以及在疾病诊断和治疗方法中使用的物质或材料属于可被授予专利权的客体，因此选项B、D不属于不授予专利权的主题。

综上，本题正确答案为：A、C。

75. 以下关于新颖性判断正确的是?
　　A. 一种抗拉强度为530MPa钢板相对于抗拉强度为350MPa的普通钢板具有新颖性
　　B. 一种用于抗病毒的化合物X与一种用作洗涤剂的化合物X相比具有新颖性
　　C. 一种使用X方法制备的玻璃杯与一种用Y方法制作的玻璃杯相比一定具有新颖性
　　D. 一种厚度为25—30mm的托板与一种厚度为30mm的托板相比不具有新颖性

【答案】AD
【知识点】判断新颖性的原则和基准
【解析】根据《专利审查指南2010》第二部分第三章第3.2.5节的规定，对于包含性能、参数、用途、制备方法等特征的产品权利要求新颖性的判断，应当考虑权利要求中的性能、参数特征是否隐含了要求保护的产品具有某种特定结构和/或组成。如果该性能、参数隐含了要求保护的产品具有区别于对比文件产品的结构和/或组成，则该权利要求具备新颖性。选项A中的两种钢板采用了参数限定，二者抗拉强度的不同隐含了具有不同的结构和组成，因而其具有新颖性。由此可知，选项A正确。选项B用于抗病毒的化合物X与用作洗涤剂的化合物X相比，虽然用途改变，但决定其本质特性的化学结构式并没有任何变化，因此用于抗病毒的化合物X不具备新颖性。由此可知，选项B错误。选项C中，尽管制备玻璃杯的方法不同，但是所属技术领域的技术人员并不能确定方法的不同必然导致产品具有不同的特定结构和/或组成，选项C给出的信息不足以进行新颖性判断。由此可知，选项C错误。《专利审查指南2010》第二部分第三章第3.2.4节规定，对比文件公开的数值或者数值范围落在上述限定的技术特征的数值范围内，将破坏要求保护的发明或者实用新型的新颖性。30mm落入了25—30mm的范围内。由此可知，选项D正确。

综上，本题正确答案为：A、D。

76. 下列对于创造性中有关突出的实质性特点的说法，正确的是？

   A. 判断发明是否具有突出的实质性特点，需要站位本领域技术人员来判断发明相对于现有技术是否显而易见

   B. 判断发明是否显而易见，需要本领域技术人员从最接近的现有技术和发明实际解决的技术问题出发进行判断

   C. 对于转用发明而言，只有所述转用能够产生预料不到的技术效果，该转用发明才具有突出的实质性特点和显著的进步

   D. 只要发明的产品在商业上获得成功时，则这类发明具有突出的实质性特点和显著的进步，具备创造性

【答案】A B

【知识点】突出的实质性特点

【解析】《专利法》第二十二条第三款规定，创造性，是指与现有技术相比，该发明具有突出的实质性特点和显著的进步，该实用新型具有实质性特点和进步。《专利审查指南2010》第二部分第四章第3.2.1节规定，判断发明是否具有突出的实质性特点，就是要判断对本领域的技术人员来说，要求保护的发明相对于现有技术是否显而易见。由此可知，选项A正确。《专利审查指南2010》第二部分第四章第3.2.1.1节规定，判断要求保护的发明对本领域的技术人员来说是否显而易见，要从最接近的现有技术和发明实际解决的技术问题出发，判断要求保护的发明对本领域的技术人员来说是否显而易见。由此可知，选项B正确。《专利审查指南2010》第二部分第四章第4.4节规定，在进行转用发明的创造性判断时通常需要考虑：转用的技术领域的远近、是否存在相应的技术启示、转用的难易程度、是否需要克服技术上的困难、转用所带来的技术效果等。如果这种转用能够产生预料不到的技术效果，或者克服了原技术领域中未曾遇到的困难，则这种转用发明具有突出的实质性特点和显著的进步，具备创造性。根据上述规定可知，预料不到的技术效果并非衡量转用发明具备创造性的必要条件。由此可知，选项C错误。《专利审查指南2010》第二部分第四章第5.4节规定，当发明的产品在商业上获得成功时，如果这种成功是由于发明的技术特征直接导致的，则一方面反映了发明具有有益效果，另一方面也说明了发明是非显而易见的，因而这类发明具有突出的实质性特点和显著的进步，具备创造性。根据上述规定可知，对于取得了商业上成功的发明的创造性，还需要判断这种商业成功是否是由于发明的技术特征直接导致的。由此可知，选项D错误。

综上，本题正确答案为：A、B。

77. 关于实质审查程序中主动修改时机，以下说法错误的是?

   A. 申请人在提出实质审查请求时，可以对发明专利申请进行主动修改
   B. 申请人在收到国务院专利行政部门发出的发明专利申请进入实质审查阶段通知书之日起的4个月内，可以对发明专利申请进行主动修改
   C. 申请人在发明专利申请授权前，都可以对发明专利申请进行主动修改
   D. 申请人在收到国务院专利行政部门发出的第一次审查意见通知书后，可以对发明专利申请进行主动修改

【答案】ＢＣＤ

【知识点】修改的时机

【解析】《专利法实施细则》第五十一条第一款规定，发明专利申请人在提出实质审查请求时以及收到国务院专利行政部门发出的发明专利申请进入实质审查阶段通知书之日起的3个月内，可以对发明专利申请主动提出修改。由此可知，主动修改时机仅为发明专利申请人在提出实质审查请求时，以及收到国务院专利行政部门发出的发明专利申请进入实质审查阶段通知书之日起的3个月内。因此，选项Ａ说法正确，选项Ｂ、Ｃ、Ｄ说法错误。

综上，本题正确答案为：Ｂ、Ｃ、Ｄ。


78. 关于专利申请实用性的判断，以下说法正确的是：

   A. 实用性要求专利申请主题必须能够在产业上制造或使用，因此，专利申请主题为产品的，该产品都需要由机器设备来制造
   B. 一种产品的生产方法，但其成品率极低，仅有0.6％，因此属于发明无再现性，不具备实用性
   C. 实用性的判断应当以申请日提交的说明书（包括附图）和权利要求书所公开的整体技术内容为依据，而不仅仅局限于权利要求所记载的内容
   D. 即使专利申请请求保护的产品已经投入生产和销售，也不可依此判断该申请符合有关实用性的规定

【答案】ＣＤ

【知识点】判断实用性的原则和基准

【解析】《专利法》第二十二条第四款规定，实用性，是指该发明或者实用新型能够制造或者使用，并且能够产生积极效果。《专利审查指南2010》第二部分第五章第2节规定，在产业上能够制造或者使用的技术方案，是指符合自然规律、具有技术特征的任何可实施的技术方案。这些方案并不一定意味着必须使用机器设备。由此可知，选项Ａ错误。根据《专利审查指南2010》第二部分第五章第3.2.1节的规定，发明或实用新型专利的产品的成品率低与不具有再现性有本质区别的，成品率低是能够重复实施；不具有再现性是在确保发明或实用新型专利申请所需全部技术条件下，所属技术领域技术人员仍不可能重复实现该技术方案所要求达到的结果。因此，成品率低就无实用性的说法错误。由此可知，选项Ｂ错误。《专利审查指南2010》第二部分第五章第3.1节规定，审查发明或者实用新型专利申请的实

用性时，应当遵循下列原则：(1) 以申请日提交的说明书（包括附图）和权利要求书所公开的整体技术内容为依据，而不仅仅局限于权利要求所记载的内容；(2) 实用性与所申请的发明或者实用新型是怎样创造出来的或者是否已经实施无关。由此可知，选项C、D正确。

综上，本题正确答案为：C、D。

79. 甲公司向国家知识产权局提交了一件申请日为2016年1月12日，公开日为2016年8月25日的发明专利申请，该申请请求保护一种产品A，以下哪几个选项构成该申请的抵触申请文件？

  A. 乙公司向国家知识产权局提交的一件申请日为2016年1月12日，公开日为2016年7月20日的发明专利申请，该申请请求保护一种产品A

  B. 乙公司向国家知识产权局提交的一件申请日为2015年7月20日，公开日为2016年1月12日的发明专利申请，该申请请求保护一种产品A

  C. 甲公司向国家知识产权局提交的一件申请日为2015年9月30日，公开日为2016年1月12日的发明专利申请，该申请请求保护一种产品A

  D. 甲公司向国家知识产权局提交的一件申请日为2015年9月30日，公开日为2016年2月20日的发明专利申请，该申请在说明书实施例中公开了产品A

【答案】BCD

【知识点】构成抵触申请的条件

【解析】《专利法》第二十二条第二款规定，新颖性，是指该发明或者实用新型不属于现有技术；也没有任何单位或者个人就同样的发明或者实用新型在申请日以前向国务院专利行政部门提出过申请，并记载在申请日以后公布的专利申请文件或者公告的专利文件中。《专利审查指南2010》第二部分第三章第2.2节进一步明确了抵触申请的判断原则，由任何单位或者个人就同样的发明或者实用新型在申请日以前向专利局提出并且在申请日以后（含申请日）公布的专利申请文件或者公告的专利文件损害该申请日提出的专利申请的新颖性。选项A两件申请的申请日相同，因此不属于抵触申请文件。由此可知，选项A错误。在判断是否属于抵触申请时对在先申请的申请人没有任何限制，可以是任何单位或者个人。由此可知，选项B、C、D正确。

综上，本题正确答案为：B、C、D。

80. 甲公司2015年8月26日就同样的发明创造提出了一项实用新型专利申请和一项发明专利申请，申请人也已在申请时分别做出说明，2015年12月26日实用新型专利申请获得授权且一直维持有效。以下哪些说法正确？

  A. 作为同样发明创造的发明专利申请可以直接被授权

  B. 作为同样发明创造的发明专利申请进行修改权利要求后，可能会被授权

  C. 如果在发明专利申请授权前，甲公司因不缴纳年费导致实用新型专利权已终止，作为同样发明创造的发明专利申请可以被授权

D. 如果在实用新型专利申请授权前，甲公司提交了撤回实用新型专利申请声明并且该撤回声明已经生效，如果该发明申请符合授予专利权的其他条件，该发明专利申请可以被授权

【答案】BD

【知识点】对一件专利申请和一项专利权的处理

【解析】《专利法》第九条第一款规定，同样的发明创造只能授予一项专利权。但是，同一申请人同日对同样的发明创造既申请实用新型专利又申请发明专利，先获得的实用新型专利权尚未终止，且申请人声明放弃实用新型专利权的，可以授予发明专利权。《专利审查指南2010》第二部分第三章第6.2.2节规定，对于同一申请人同日（仅指申请日）对同样的发明创造既申请实用新型又申请发明专利的，在先获得的实用新型专利权尚未终止，并且申请人在申请时分别做出说明的，除通过修改发明专利申请外，还可以通过放弃实用新型专利权避免重复授权。由此可知，同日申请的实用新型授权后，发明专利申请可以通过修改申请，或通过放弃实用新型专利权获得发明专利的授权。由此可知，选项A错误，选项B正确。另外，根据《专利法》第九条的规定，只有在先获得的实用新型专利权尚未终止，申请人才可以通过放弃实用新型获得发明专利授权。由此可知，选项C错误。《专利法》第三十二条规定，申请人可以在被授予专利权之前随时撤回其专利申请。申请人在其专利申请被授予专利权之前撤回其实用新型专利申请，避免了重复授权，此时发明专利申请可以被授权。由此可知，选项D正确。

综上，本题正确答案为：B、D。

81. 以下说法是正确的？

A. 对于申请人在申请日之后补交的实验数据，因不是原说明书和权利要求书记载的内容，审查员不应予以考虑

B. 判断说明书是否充分公开，应当以原说明书和权利要求书记载的内容为准

C. 对于申请人在申请日之后补交的实验数据，只有在申请人证明了其是在申请日前完成的情况下，审查员才应予以考虑

D. 申请人在申请日之后补交的实验数据所证明的技术效果应当是所属技术领域的技术人员能够从专利申请公开的内容中得到的

【答案】BD

【知识点】充分公开 补交实验数据的审查原则

【解析】2017年发布的《国家知识产权局关于修改〈专利审查指南〉的决定》（第74号局令）规定，在《专利审查指南2010》第二部分第十章第3节中新增第3.5节，内容如下：判断说明书是否充分公开，以原说明书和权利要求书记载的内容为准。对于申请日之后补交的实验数据，审查员应当予以审查。补交实验数据所证明的技术效果应当是所属技术领域的技术人员能够从专利申请公开的内容中得到的。由此可知，选项B、D正确，选项A、C错误。

综上，本题正确答案为：B、D。

82. 以下关于所属技术领域的技术人员的说法哪些是错误的？
    A. 他应当是所属技术领域的本科以上学历的人员
    B. 他应当知晓申请日或者优先权日之前所属技术领域所有的普通技术知识
    C. 他也可以具有创造性能力
    D. 他应当具有应用申请日或者优先权日之前常规实验手段的能力

【答案】A C

【知识点】本领域技术人员的判断

【解析】《专利审查指南2010》第二部分第四章第2.4节规定，所属技术领域的技术人员，也可称为本领域的技术人员，是指一种假设的"人"，假定他知晓申请日或者优先权日之前所属技术领域所有的普通技术知识，能够获知该领域中所有的现有技术，并且具有应用该日期之前常规实验手段的能力，但他不具有创造能力。由此可知，所属技术领域的技术人员的概念与学历无关，选项A错误，同时他没有任何的创造能力，选项C选项错误。选项B、D正确。

综上，本题正确答案为：A、C。

83. 申请人在提出实质审查请求时对申请文件作出的以下哪些修改是不被允许的：
    A. 在说明书中补入所属技术领域的技术人员不能直接从原始申请中导出的有益效果
    B. 在说明书中补入原权利要求书和说明书未记载的实验数据以说明发明的有益效果
    C. 将仅在摘要中记载的技术方案补入到说明书中
    D. 将原附图中的公知技术附图更换为最接近现有技术的附图

【答案】A B C

【知识点】专利申请文件的修改

【解析】根据《专利法》第三十三条的规定，申请人可以对其专利申请文件进行修改，但是，对发明和实用新型专利申请文件的修改不得超出原说明书和权利要求书记载的范围。《专利审查指南2010》第二部分第八章第5.2.1.1节中进一步规定，原说明书和权利要求书记载的范围包括原说明书和权利要求书文字记载的内容和根据原说明书和权利要求书文字记载的内容以及说明书附图能直接地、毫无疑义地确定的内容。即原说明书和权利要求书记载的范围并不包括说明书摘要中记载的内容，由此可知，选项C所述的修改是不被允许的。《专利审查指南2010》第二部分第八章第5.2.3.1节规定，不能允许的增加内容的修改，包括下述几种。……（5）补入了所属技术领域的技术人员不能直接从原始申请中导出的有益效果。（6）补入实验数据以说明发明的有益效果，……（7）增补原说明书中未提及的附图，一般是不允许的；如果增补背景技术的附图，或者将原附图中的公知技术附图更换为最接近现有技术的附图，则应当允许。由此可知，选项A、B所述的修改不被允许，选项D所述的修改应被允许。

综上，本题正确答案为：A、B、C。

84. 申请人王某向专利局提交的发明申请公布后，另一家企业提交了多篇与该专利申请相关的文献，并提出了该申请不应当被授予专利权的意见。以下说法正确的是：

   A. 只有申请人王某或者利害关系人有权就该申请向国务院专利行政部门提出意见
   B. 该企业提交的文献和意见应当存入该申请文档中，供审查员在实质审查时考虑
   C. 如果该企业提交的相关文献和意见是在审查员发出授予专利权的通知之后收到的，可以不必考虑
   D. 专利局应当将该意见的处理情况通知该企业

【答案】B C
【知识点】公众意见的处理
【解析】《专利法实施细则》第四十八条规定，自发明专利申请公布之日起至公告授予专利权之日止，任何人均可以对不符合《专利法》规定的专利申请向国务院专利行政部门提出意见，并说明理由。《专利审查指南2010》第二部分第八章第4.9节规定，任何人对不符合《专利法》规定的发明专利申请向专利局提出的意见，应当存入该申请文档中供审查员在实质审查时考虑。如果公众的意见是在审查员发出授予专利权的通知之后收到的，就不必考虑。专利局对公众意见的处理情况，不必通知提出意见的公众。由此可知，选项B、C正确，选项A、D错误。

综上，本题正确答案为：B、C。

85. 以下涉及计算机程序的发明专利的权利要求，哪些是专利法第二十五条规定的不授予专利权的情形：

   A. 一种机器识别算法本身
   B. 一种用源代码限定的计算机程序
   C. 一种U盘，其上存储有计算机程序，其特征在于，该程序被处理器执行时实现数据获取和数据处理的步骤
   D. 一种狼人杀的游戏规则

【答案】A B D
【知识点】涉及计算机程序发明的保护客体判断
【解析】《专利法》第二十五条第一款第（二）项规定，对于智力活动的规则和方法不授予专利权。《专利审查指南2010》（根据第74号局令修正）第二部分第九章第2节中规定，如果一项权利要求仅仅涉及一种算法或数学计算规则，或者计算机程序本身或仅仅记录在载体上的计算机程序本身，或者游戏的规则和方法等，则该权利要求属于智力活动的规则和方法，不属于专利保护的客体。由此可知，选项A、D正确。根据《专利审查指南2010》第二部分第九章第1节和第2节的规定，计算机程序本身包括源程序和目标程序，采用源代码限定的计算机程序权利要求属于计算机程序本身，而采用计算机流程步骤限定的可读存储介质

权利要求不被认为是计算机程序本身。由此可知，选项 B 正确，选项 C 错误。

综上，本题正确答案为：A、B、D。

86. 针对本案，合议组于 2012 年 12 月 10 日发出撤销驳回决定的复审决定，复审请求人于 2012 年 12 月 22 日收到该决定，下列说法中哪些是不正确的？

  A. 复审请求人可以在 2013 年 3 月 22 日之前向人民法院起诉

  B. 由于 2013 年 3 月 10 日是星期日，因此，复审请求人最晚可以在 2013 年 3 月 11 日之前向人民法院起诉

  C. 复审请求人可以向国家知识产权局提出行政复议

  D. 复审请求人不能向人民法院起诉

【答案】B C D

【知识点】复审决定的终止　起诉期限

【解析】《专利法》第四十一条第二款规定，专利申请人对专利复审委员会的复审决定不服的，可以自收到通知之日起 3 个月内向人民法院起诉。根据上述规定，即使复审结论对复审请求人有利，但如果复审请求人对上述决定中例如事实认定不服仍可以向人民法院起诉。另外，根据上述规定，复审请求人向法院起诉的期限是自收到复审决定之日其 3 个月，而不是自复审决定发出之日起 3 个月。《专利法实施细则》第四条第三款的规定，国务院专利行政部门邮寄的各种文件，自文件发出之日起满 15 日，推定为当事人收到文件之日中本试题中的复审决定于 2012 年 12 月 10 日发出，复审决定发出日起满 15 日为推定收到日即 2012 年 12 月 25 日，起诉的最晚期限是 2013 年 3 月 25 日，3 月 22 日在 3 月 25 日之前，因此复审请求人"可以"在 2013 年 3 月 22 日之前向人民法院起诉。据此，选项 A 是正确的，选项 B 是错误的。

《国家知识产权局行政复议规程》第五条规定，对下列情形之一，不能申请行政复议：……（二）复审请求人对复审请求审查决定不服的；……因此选项 C 的说法不正确。根据《专利法》第四十一条的规定可知，选项 D 的说法不正确。

综上，本题正确答案为：B、C、D。

87. 关于复审请求的形式审查，以下说法正确的是？

  A. 复审请求人应当提交复审请求书，说明理由，必要时还应当附具有关证据

  B. 复审请求人在收到驳回决定之日起三个月内提出了复审请求，但在此期限内未缴纳或者未缴足复审费的，其复审请求视为未提出

  C. 复审请求人在专利复审委员会办理委托手续，但提交的委托书中未写明委托权限仅限于办理复审程序有关事务的，应当在指定期限内补正，期满未补正的，视为未委托

  D. 复审请求视为未提出或者不予受理的，专利复审委员会应当发出复审请求视为未提出通知书或者复审请求不予受理通知书，通知复审请求人

【答案】A B C D

【知识点】复审请求的形式审查

【解析】《专利审查指南 2010》第四部分第二章第 2.4 节（1）规定，复审请求人应当提交复审请求书，说明理由，必要时还应当附具有关证据。《专利审查指南 2010》第四部分第二章第 2.5 节（1）规定，复审请求人在收到驳回决定之日起 3 个月内提出了复审请求，但在此期限内未缴纳或者未缴足复审费的，其复审请求视为未提出。《专利审查指南 2010》第四部分第二章第 2.6 节（1）规定，复审请求人在专利复审委员会办理委托手续，但提交的委托书中未写明委托权限仅限于办理复审程序有关事务的，应当在指定期限内补正；期满未补正的，视为未委托。《专利审查指南 2010》第四部分第二章第 2.7 节（2）规定，复审请求视为未提出或者不予受理的，专利复审委员会应当发出复审请求视为未提出通知书或者复审请求不予受理通知书，通知复审请求人。根据上述规定可知，选项 A、B、C、D 均是正确的。

综上，本题正确答案为：A、B、C、D。

88. 关于复审程序中的请求原则，下列说法正确的是？

　　A. 复审程序应基于当事人的请求启动
　　B. 请求人在专利复审委员会作出复审请求审查决定前撤回其请求的，复审程序终止
　　C. 请求人撤回其请求的，复审程序终止，但是专利复审委员会认为根据已进行的审查工作能够作出撤销驳回决定的除外
　　D. 请求人在审查决定已经发出后撤回请求的，不影响审查决定的有效性

【答案】A B D

【知识点】复审程序的请求原则

【解析】《专利审查指南 2010》第四部分第一章第 2.3 节中规定，复审程序和无效宣告程序均应当基于当事人的请求启动。请求人在专利复审委员会作出复审请求或者无效宣告请求审查决定前撤回其请求的，其启动的审查程序终止；但对于无效宣告请求，专利复审委员会认为根据已进行的审查工作能够作出宣告专利权无效或者部分无效的决定的除外。请求人在审查决定的结论已宣布或者书面决定已经发出之后撤回请求的，不影响审查决定的有效性。据此，选项 A、B、D 正确，选项 C 错误。

综上，本题正确答案为：A、B、D。

89. 复审请求人在复审程序中何时可以对申请文件进行修改？

　　A. 提出复审请求
　　B. 答复复审通知书
　　C. 参加口头审理
　　D. 在复审程序中的任意时间

【答案】A B C

【知识点】复审程序中的修改时机

【解析】《专利审查指南2010》第四部分第二章第4.2节规定，在提出复审请求、答复复审通知书（包括复审请求口头审理通知书）或者参加口头审理时，复审请求人可以对申请文件进行修改。据此规定可以看出，复审请求人的修改时机有三个，即选项A、B、C，而非任意时间。因此选项D是错误的，其他均是正确的。

综上，本题正确答案为：A、B、C。

90. 复审案件合议组成员有下列何种情形的，应当自行回避或当事人有权请求其回避？
   A. 曾参与原申请的审查的
   B. 与专利申请有利害关系的
   C. 是当事人或者其代理人近亲属的
   D. 与当事人或者其代理人有其他关系，可能影响公正审查和审理的

【答案】ＡＢＣＤ

【知识点】回避制度

【解析】《专利法实施细则》第三十七条规定，在初步审查、实质审查、复审和无效宣告程序中，实施审查和审理的人员有下列情形之一的，应当自行回避，当事人或者其他利害关系人可以要求其回避：（一）是当事人或者其代理人的近亲属的；（二）与专利申请或者专利权有利害关系的；（三）与当事人或者其代理人有其他关系，可能影响公正审查和审理的；（四）专利复审委员会成员曾参与原申请的审查的。根据上述规定，选项A、B、C、D分别对应于情形（四）、（二）、（一）和（三），因此均是正确的。

综上，本题正确答案为：A、B、C、D。

91. 在复审请求审查过程中，在下列哪些情形下，合议组应当发出复审通知书或进行口头审理？
   A. 复审决定将维持原驳回决定的
   B. 需要引入驳回决定未提出的理由或者证据的
   C. 复审请求的理由成立，将撤销原驳回决定的
   D. 需要复审请求人进一步提供证据或者对有关问题予以阐明的

【答案】ＡＢＤ

【知识点】复审通知书和口头审理

【解析】《专利审查指南2010》第四部分第二章第4.3节中规定根据《专利法实施细则》第六十三条的规定，有下列情形之一的，合议组应当发出复审通知书（包括复审请求口头审理通知书）或者进行口头审理：（1）复审决定将维持驳回决定。（2）需要复审请求人依照《专利法》及其实施细则和审查指南有关规定修改申请文件，才有可能撤销驳回决定。（3）需要复审请求人进一步提供证据或者对有关问题予以说明。（4）需要引入驳回决定未提出的理由或者证据。根据上述规定，选项A、B、D分别对应于上述情形（1）、（4）和（3），是正确的；选项C中审查结论有利于复审请求人，此时可以直接作出复审决定，因此是错

误的。

综上,本题正确答案为:A、B、D。

92. 关于复审请求案件的范围,下列说法正确的是?
   A. 对发明初步审查程序中驳回专利申请的决定不服而请求复审的案件
   B. 对实用新型初步审查程序中驳回专利申请的决定不服而请求复审的案件
   C. 对外观设计初步审查程序中驳回专利申请的决定不服而请求复审的案件
   D. 对发明实质审查程序中驳回专利申请的决定不服而请求复审的案件

【答案】ABCD
【知识点】复审请求案件的范围
【解析】《专利审查指南2010》第四部分第一章第1节中规定,根据《专利法》第四十一条的规定,专利复审委员会对复审请求进行受理和审查,并作出决定。复审请求案件包括对初步审查和实质审查程序中驳回专利申请的决定不服而请求复审的案件。选项A、B、C均是对初步审查驳回决定不服的情形,选项D属于对实质审查驳回决定不服的情形,根据上述规定可知上述各项均为复审请求的范围,因此均是正确的。

综上,本题正确答案为:A、B、C、D。

93. 无效宣告程序中关于证据的质证,以下哪些说法是正确的?
   A. 证据应当具有新颖性、合法性和真实性,合议组在确定证据具有以上三性之后可以将其作为认定事实的依据
   B. 证据应当具有新颖性、合法性、真实性和公开性,合议组在确定证据具有以上性质之后可以将其作为认定事实的依据
   C. 质证时当事人应当针对证据的证明力有无以及证明力的大小,进行质疑、说明和辩驳
   D. 质证的过程应当围绕证据的关联性、合法性、真实性进行

【答案】CD
【知识点】证据的质证
【解析】《专利审查指南2010》第四部分第八章第4.1节规定,证据应当由当事人质证,未经质证的证据,不能作为认定案件事实的依据。质证时,当事人应当围绕证据的关联性、合法性、真实性,针对证据证明力有无以及证明力大小,进行质疑、说明和辩驳。根据上述规定,作为认定案件事实依据的证据,在程序上应当经过当事人的质证;另外,对于证据资格的审核认定应围绕证据的"关联性、合法性、真实性",而非证据的"新颖性、合法性、真实性",因此选项A、B错误。根据《专利审查指南2010》的上述规定可知,选项C、D正确。

综上,本题正确答案为:C、D。

94. 无效宣告程序中关于公知常识,以下哪些说法是正确的?

A. 无效程序中一方当事人甲主张某技术手段是本领域公知常识，另一方当事人乙不予认可，则甲对其主张承担举证责任

B. 教科书记载的技术内容可用来证明某项技术手段是本领域的公知常识

C. 技术手册记载的技术内容可用来证明某项技术手段是本领域的公知常识

D. 技术词典记载的技术内容不能用来证明某项技术手段是本领域的公知常识

【答案】A B C

【知识点】公知常识

【解析】《专利审查指南2010》第四部分第八章第4.3.3节中规定，主张某技术手段是本领域公知常识的当事人，对其主张承担举证责任。该当事人未能举证证明或者未能充分说明该技术手段是本领域公知常识，并且对方当事人不予认可的，合议组对该技术手段是本领域公知常识的主张不予支持。当事人可以通过教科书或者技术词典、技术手册等工具书记载的技术内容来证明某项技术手段是本领域的公知常识。据此，选项A、B和C均正确。根据上述规定，公知常识性证据包括技术辞典，因此选项D错误。

综上，本题正确答案为：A、B、C。

95. 无效宣告程序中关于证据，以下哪些说法是正确的？

A. 对于互联网证据，公众能够浏览互联网信息的最早时间为该互联网信息的公开时间，一般以互联网信息的发布时间为准

B. 申请日后形成或公开的证据，不能作为现有技术的证据使用

C. 专利复审委员会在案件审查中不需要有关单位或者专家对案件中涉及的技术内容和问题提供咨询性意见

D. 在无效宣告程序中，当事人在提交样品等不作为证据的物品时，有权以书面方式请求在其案件审结后取走该物品

【答案】A D

【知识点】证据的其他规定

【解析】《专利审查指南2010》第四部分第八章第5.1节中规定，公众能够浏览互联网信息的最早时间为该互联网信息的公开时间，一般以互联网信息的发布时间为准。据此，选项A是正确的。《专利审查指南2010》第四部分第八章第5.2节中规定，申请日后（含申请日）形成的记载有使用公开或者口头公开内容的书证，或者其他形式的证据可以用来证明专利在申请日前使用公开或者口头公开。在判断上述证据的证明力时，形成于专利公开前（含公开日）的证据的证明力一般大于形成于专利公开后的证据的证明力。据此，选项B是错误的。《专利审查指南2010》第四部分第八章第5.3节中规定，专利复审委员会可以根据需要邀请有关单位或者专家对案件中涉及的技术内容和问题提供咨询性意见，必要时可以委托有关单位进行鉴定，所需的费用根据案件的具体情况由专利复审委员会或者当事人承担。据此，选项C是错误的。《专利审查指南2010》第四部分第八章第5.4节中规定，在无效宣告程序中，当事人在提交样品等不作为证据的物品时，有权以书面方式请求在其案件审结后取走该

物品。据此,选项D是正确的。

综上,本题正确答案为:A、D。

96. 以下不属于无效宣告请求客体的是哪几项?

　　A. 经过实审审查,被专利局驳回的专利申请
　　B. 已经被人民法院生效判决维持的无效宣告请求审查决定宣告全部无效的专利权
　　C. 因未缴纳年费已被终止的专利权
　　D. 同一申请人于同日就同样的发明创造既申请了实用新型又申请了发明专利,在发明专利申请授权之前申请人声明自发明专利申请授权公告之日起放弃的实用新型专利权

【答案】AB

【知识点】无效宣告请求客体的形式审查

【解析】《专利审查指南2010》第四部分第三章第3.1节中规定,无效宣告请求的客体应当是已经公告授权的专利,包括已经终止或者放弃(自申请日起放弃的除外)的专利。无效宣告请求不是针对已经公告授权的专利的,不予受理。专利复审委员会作出宣告专利权全部或者部分无效的审查决定后,当事人未在收到该审查决定之日起3个月内向人民法院起诉或者人民法院生效判决维持该审查决定的,针对已被该决定宣告无效的专利权提出的无效宣告请求不予受理。由此可见,选项A属于复审请求的客体,而非无效宣告请求的客体,选项B是已被无效的专利权,也不属于无效宣告请求的客体,而选项C、D的专利权虽已终止或放弃,但在终止或放弃之前专利权均存续了一段时间,仍可被提起无效宣告请求,属于无效宣告请求客体。

综上,本题正确答案为:A、B。

97. 下列哪些理由不能作为宣告专利权无效的理由?

　　A. 专利权人未在规定期限内缴纳年费
　　B. 权利要求之间不具备单一性
　　C. 权利要求书未以说明书为依据
　　D. 专利申请委托手续不符合相关规定

【答案】ABD

【知识点】对无效宣告请求中无效宣告请求理由的形式审查

【解析】《专利法实施细则》第六十五条第二款规定:前款所称无效宣告请求的理由,是指被授予专利的发明创造不符合《专利法》第二条、第二十条第一款、第二十二条、第二十三条、第二十六条第三款、第四款、第二十七条第二款、第三十三条或者该细则第二十条第二款、第四十三条第一款的规定,或者属于《专利法》第五条、第二十五条的规定,或者依照《专利法》第九条规定不能取得专利权。上述选项中只有选项C属于《专利法实施细则》第六十五条第二款规定的可以宣告专利权无效的理由,而选项A、B、D所述事项均不能作为宣告专利权无效的理由。

综上，本题正确答案为：A、B、D。

98. 在无效宣告程序中，专利代理人处理下列哪些事项时，需要具有特别授权的委托书？

　　A. 专利权人的代理人代为承认请求人的无效宣告请求

　　B. 专利权人的代理人代为修改权利要求书

　　C. 代理人代为和解

　　D. 请求人的代理人代为撤回无效宣告请求

【答案】A B C D

【知识点】特别授权的权项

【解析】《专利审查指南2010》第四部分第三章第3.6节中规定，……（7）对于下列事项，代理人需要具有特别授权委托书：（i）专利权人的代理人代为承认请求人的无效宣告请求；（ii）专利权人的代理人代为修改权利要求书（iii）代理人代为和解；（iv）请求人的代理人代为撤回无效宣告请求。由此可见，上述选项A、B、C和D所述事项均需要具有当事人特别授权的委托书。

综上，本题正确答案为：A、B、C、D。

99. 在无效宣告程序中，专利权人可以通过以下哪些方式对权利要求书进行修改？

　　A. 删除权利要求

　　B. 删除技术方案

　　C. 明显错误的修正

　　D. 在权利要求中补入其他权利要求中记载的一个或多个技术特征

【答案】A B C D

【知识点】无效宣告程序中专利文件的修改方式

【解析】《专利法实施细则》第六十九条第一款规定，在无效宣告请求的审查过程中，发明或者实用新型专利的专利权人可以修改其权利要求书，但是不得扩大原专利的保护范围。《专利审查指南2010》（经第74号局令修改）第四部分第三章第4.6.2节中规定，在满足上述修改原则的前提下，修改权利要求书的具体方式一般限于权利要求的删除、技术方案的删除、权利要求的进一步限定、明显错误的修正。……权利要求的进一步限定是指在权利要求中补入其他权利要求中记载的一个或多个技术特征，以缩小保护范围。因此，以上选项A、B、C、D所述的修改均属于在无效宣告程序中专利权人可以进行的修改。

综上，本题正确答案为：A、B、C、D。

100. 在无效宣告程序中，专利权人可在何时以删除以外的方式修改权利要求书？

　　A. 在专利复审委员会作出审查决定之前的任何时候

　　B. 针对无效宣告请求书的答复期限内

　　C. 针对请求人增加的无效宣告理由的答复期限内

D. 针对专利复审委员会引入的请求人未提及的无效宣告理由或者证据的答复期限内

【答案】BCD

【知识点】无效宣告程序中专利文件修改方式的限制

【解析】《专利审查指南 2010》（经第 74 号局令修改）第四部分第三章第 4.6.3 节中规定，在专利复审委员会作出审查决定之前，专利权人可以删除权利要求或者权利要求中包括的技术方案。仅在下列三种情形的答复期限内，专利权人可以以删除以外的方式修改权利要求书：(1) 针对无效宣告请求书。(2) 针对请求人增加的无效宣告理由或者补充的证据。(3) 针对专利复审委员会引入的请求人未提及的无效宣告理由或者证据。可见，专利权人仅可在上述三种情形的答复期限内以删除以外的方式修改权利要求书，专利复审委员会作出审查决定之前，仅可以删除的方式修改权利要求书。因此，选项 A 错误，选项 B、C、D 正确。

综上，本题正确答案为：B、C、D。

# 相关法律知识

**答题须知：**

1. 本试卷共有 100 题，每题 1 分，总分 100 分。
2. 本试卷要求应试者在机考试卷上选择答案。
3. 本试卷所有试题的正确答案均以现行的法律、法规、规章、相关司法解释和国际条约为准。

一、单项选择题（每题所设选项中只有一个正确答案，多选、错选或不选均不得分）。本部分含 1—30 题，每题 1 分，共 30 分。

1. 根据民法通则及相关规定，下列哪种法律关系属于民法调整的范围？
   A. 张某向国家工商行政管理总局商标局提出商标注册申请产生的法律关系
   B. 王某请求交警队退还其多缴的违章罚款产生的法律关系
   C. 李某向当地科技局申请科技型中小企业创新基金产生的法律关系
   D. 甲公司将其专利申请权转让给乙公司产生的法律关系

【答案】D
【知识点】民法的调整对象
【解析】《民法通则》第二条规定，中华人民共和国民法调整平等主体的公民之间、法人之间、公民和法人之间的财产关系和人身关系。本题中，选项D属于平等主体的法人之间的财产关系，属于民法调整的范围。选项A、B、C属于行政主体和行政相对人之间的行政法律关系，不属于民法调整的范围。

综上，本题正确答案为：D。

2. 根据民法通则及相关规定，下列哪种民事主体享有姓名权？
   A. 法人
   B. 公民
   C. 个体工商户
   D. 个人合伙

【答案】B
【知识点】人身权的种类和内容
【解析】《民法通则》第九十九条第一款规定，公民享有姓名权，有权决定、使用和依照规定改变自己的姓名，禁止他人干涉、盗用、假冒。因此，选项B的说法正确。《民法通则》第九十九条第二款规定，法人、个体工商户、个人合伙享有名称权，企业法人、个体工商户、个人合伙有权使用、依法转让自己的名称。因此，选项 A、C、D 的说法错误。

综上，本题正确答案为：B。

3. 陈某夫妇因意外事故双亡，二人的儿子陈畅刚刚年满 3 周岁。根据民法通则及相关规定，下列关于陈畅的监护人的哪种说法是错误的？

  A. 可以由陈畅的祖父母、外祖父母中的一人或数人担任监护人
  B. 对担任监护人有争议的，可以由陈畅住所地的居民委员会在近亲属中指定
  C. 陈畅的祖父被指定担任监护人后，可以自行变更监护人
  D. 若关系密切的其他亲属、朋友愿意承担监护责任，经陈畅住所地的居民委员会同意，也可以作为陈畅的监护人

【答案】C

【解析】《民法通则》第十六条第二款规定，未成年人的父母已经死亡或者没有监护能力的，由下列人员中有监护能力的人担任监护人：（一）祖父母、外祖父母；（二）兄、姐；（三）关系密切的其他亲属、朋友愿意承担监护责任，经未成年人的父、母的所在单位或者未成年人住所地的居民委员会、村民委员会同意的。《最高人民法院关于贯彻执行〈中华人民共和国民法通则〉若干问题的意见（试行）》第十四条第二款规定，监护人可以是一人，也可以是同一顺序中的数人。因此，选项 A 的说法正确，选项 D 的说法正确。《民法通则》第十六条第三款规定，对担任监护人有争议的，由未成年人的父、母的所在单位或者未成年人住所地的居民委员会、村民委员会在近亲属中指定。对指定不服提起诉讼的，由人民法院裁决。可见，只有对由未成年人的父、母的所在单位或者未成年人住所地的居民委员会、村民委员会在近亲属中指定的监护人有异议的，方可向法院起诉，因此选项 B 的说法正确。《最高人民法院关于贯彻执行〈中华人民共和国民法通则〉若干问题的意见（试行）》第十八条规定，监护人被指定后，不得自行变更。擅自变更的，由原被指定的监护人和变更后的监护人承担监护责任。因此，选项 C 的说法错误。

综上，本题正确答案为：C。

4. 根据民法通则及相关规定，下列关于诉讼时效的哪种说法是正确的？
  A. 过了诉讼时效期间，义务人履行义务后又以超过诉讼时效为由翻悔的，应当予以支持
  B. 超过诉讼时效期间，当事人自愿履行的，不受诉讼时效限制
  C. 诉讼时效中止的，从中止时效的原因消除之日起，诉讼时效期间重新计算
  D. 诉讼时效因提起诉讼而中断，从中断的原因消除之日起，诉讼时效期间继续计算

【答案】B

【知识点】诉讼时效的期间 诉讼时效的中止 诉讼时效的中断

【解析】《最高人民法院关于贯彻执行〈中华人民共和国民法通则〉若干问题的意见（试行）》第一百七十一条规定，过了诉讼时效期间，义务人履行义务后，又以超过诉讼时效为由翻悔的，不予支持。因此，选项 A 的说法错误。《民法通则》第一百三十八条规定，超过

诉讼时效期间，当事人自愿履行的，不受诉讼时效限制。因此，选项B的说法正确。《民法通则》第一百三十九条规定，在诉讼时效期间的最后6个月内，因不可抗力或者其他障碍不能行使请求权的，诉讼时效中止。从中止时效的原因消除之日起，诉讼时效期间继续计算。可见，诉讼时效中止的，从中止时效的原因消除之日起，诉讼时效期间继续计算，而非重新计算。因此，选项C的说法错误。《民法通则》第一百四十条规定，诉讼时效因提起诉讼、当事人一方提出要求或者同意履行义务而中断。从中断时起，诉讼时效期间重新计算。因此，选项D的说法错误。

综上，本题正确答案为：B。

5. 根据合同法及相关规定，下列哪种情形适用合同法的规定？
  A. 商标权人林某与某公司签订的商标权转让协议
  B. 张某与某福利院签订的收养该福利院孤儿的协议
  C. 房屋征收部门对被征收人郑某作出的征收决定及其补偿决定
  D. 刘某与徐某签订的解除婚姻关系协议

【答案】A
【知识点】合同法的适用范围
【解析】《合同法》第二条第一款规定，该法所称合同是平等主体的自然人、法人、其他组织之间设立、变更、终止民事权利义务关系的协议。因此，选项A的说法正确。由于房屋征收部门对被征收人作出的决定不属于平等主体之间的协议，因此选项C的说法错误。《合同法》第二条第二款规定，婚姻、收养、监护等有关身份关系的协议，适用其他法律的规定。因此，选项B、D的说法错误。

综上，本题正确答案为：A。

6. 北京甲公司和上海乙公司签订汽车买卖合同，约定甲公司组装生产并向乙公司出售500辆汽车。甲公司遂与丙公司签订零部件买卖合同，向丙公司购买组装生产汽车所需要的车轮。丙公司与丁公司签订车轮的运输合同，运输途中，由于丁公司驾驶员的疏忽发生交通事故致货物受损，由此导致甲公司无法交货。根据合同法及相关规定，下列哪种说法是正确的？
  A. 乙公司有权请求甲公司承担违约责任
  B. 乙公司有权请求丙公司承担违约责任
  C. 乙公司有权请求丁公司承担违约责任
  D. 乙公司有权请求丁公司驾驶员承担违约责任

【答案】A
【知识点】违约责任的承担方式
【解析】《合同法》第一百二十一条规定，当事人一方因第三人的原因造成违约的，应当向对方承担违约责任。当事人一方和第三人之间的纠纷，依照法律规定或者按照约定解决。甲公司因丙公司的原因造成违约，应当向对方承担违约责任。因此，选项A的说法正确，选项 B、C、D 的说法错误。

综上，本题正确答案为：A。

7. 根据合同法及相关规定，下列关于专利实施许可合同的哪种说法是正确的？
   A. 专利实施许可合同可以采用口头形式
   B. 专利权有效期限届满的，专利权人仍然可以就该专利与他人订立专利实施许可合同
   C. 专利权被宣布无效的，专利权人仍然可以就该专利与他人订立专利实施许可合同
   D. 专利实施许可合同的让与人应当按照约定许可受让人实施专利，交付实施专利有关的技术资料，提供必要的技术指导

【答案】D

【知识点】技术转让合同

【解析】《合同法》第三百四十二条规定，技术转让合同包括专利权转让、专利申请权转让、技术秘密转让、专利实施许可合同。技术转让合同应当采用书面形式。因此，选项 A 的说法错误。《合同法》第三百四十四条规定，专利实施许可合同只在该专利权的存续期间内有效。专利权有效期限届满或者专利权被宣布无效的，专利权人不得就该专利与他人订立专利实施许可合同。因此，选项 B、C 的说法错误。《合同法》第三百四十五条规定，专利实施许可合同的让与人应当按照约定许可受让人实施专利，交付实施专利有关的技术资料，提供必要的技术指导。因此，选项 D 的说法正确。

综上，本题正确答案为：D。

8. 在某专利侵权纠纷民事诉讼中，专利权人申请人民法院通知具有专门知识的人张某出庭，代表当事人对专利侵权技术比对涉及的专业问题在法庭上提出意见。根据民事诉讼法及相关规定，下列关于该意见的哪种说法是正确的？
   A. 该意见视为证人证言
   B. 该意见视为当事人的陈述
   C. 该意见视为鉴定意见
   D. 该意见视为勘验笔录

【答案】B

【知识点】有专门知识的人出庭

【解析】《最高人民法院关于适用〈中华人民共和国民事诉讼法〉的解释》第一百二十二条规定，当事人可以依照《民事诉讼法》第七十九条的规定，在举证期限届满前申请一至二名具有专门知识的人出庭，代表当事人对鉴定意见进行质证，或者对案件事实所涉及的专业问题提出意见。具有专门知识的人在法庭上就专业问题提出的意见，视为当事人的陈述。人民法院准许当事人申请的，相关费用由提出申请的当事人负担。因此，选项 B 的说法正确，选项 A、C、D 的说法错误。

综上，本题正确答案为：B。

9. 某消费者权益保护协会认为，某手机生产商在手机出厂前预装大量程序，并且未告知消费者卸载方式。该消费者权益保护协会以上述行为侵害众多消费者合法权益、损害社会公共利益为由提起公益诉讼。根据民事诉讼法及相关规定，下列哪种说法是正确的？

    A. 本案可以由侵权行为地或者被告住所地中级人民法院管辖

    B. 作为公益诉讼案件原告的该消费者权益保护协会一律不得申请撤诉

    C. 人民法院不得对该公益诉讼案件进行调解

    D. 该公益诉讼案件的当事人不能和解

【答案】A

【知识点】公益诉讼

【解析】《最高人民法院关于适用〈中华人民共和国民事诉讼法〉的解释》第二百八十五条第一款规定，公益诉讼案件由侵权行为地或者被告住所地中级人民法院管辖，但法律、司法解释另有规定的除外。因此，选项A的说法正确。《最高人民法院关于适用〈中华人民共和国民事诉讼法〉的解释》第二百九十条规定，公益诉讼案件的原告在法庭辩论终结后申请撤诉的，人民法院不予准许。可见，公益诉讼原告享有撤诉权，但撤诉应当在法庭辩论终结前，因此B选项是错误的。《最高人民法院关于适用〈中华人民共和国民事诉讼法〉的解释》第二百八十九条第一款规定，对公益诉讼案件，当事人可以和解，人民法院可以调解。因此，选项C、D的说法错误。

    综上，本题正确答案为：A。

10. 根据民事诉讼法及相关规定，下列关于民事诉讼调解的哪种说法是正确的？

    A. 能够即时履行的案件调解达成协议，人民法院可以不制作调解书

    B. 调解维持收养关系的案件调解达成协议，人民法院应当制作调解书

    C. 当事人对已经发生法律效力的解除婚姻关系的调解书，可以申请再审

    D. 调解书送达前一方反悔的，人民法院可以留置送达该调解书

【答案】A

【知识点】民事诉讼的调解

【解析】《民事诉讼法》第九十八条第一款规定，下列案件调解达成协议，人民法院可以不制作调解书：（一）调解和好的离婚案件；（二）调解维持收养关系的案件；（三）能够即时履行的案件；（四）其他不需要制作调解书的案件。根据上述第（三）项的规定，选项A的说法正确；根据上述第（二）项的规定，选项B的说法错误。《民事诉讼法》第二百零二条规定，当事人对已经发生法律效力的解除婚姻关系的判决、调解书，不得申请再审。因此，选项C的说法错误。《民事诉讼法》第九十九条规定，调解未达成协议或者调解书送达前一方反悔的，人民法院应当及时判决。因此，选项D的说法错误。

    综上，本题正确答案为：A。

11. 根据民事诉讼法及相关规定，人民法院受理案件后，当事人对管辖权有异议的，应当在

何时提出？

A. 提交答辩状期间

B. 法庭调查期间

C. 法庭辩论终结前

D. 人民法院作出判决前

【答案】A

【知识点】管辖权异议

【解析】《民事诉讼法》第一百二十七条第一款规定，人民法院受理案件后，当事人对管辖权有异议的，应当在提交答辩状期间提出。人民法院对当事人提出的异议，应当审查。异议成立的，裁定将案件移送有管辖权的人民法院；异议不成立的，裁定驳回。因此，选项A的说法正确，选项B、C、D的说法错误。

综上，本题正确答案为：A。

12. 根据区政府加强安全生产的决定，某区质量技术监督局和安全生产监督管理局对安全隐患企业进行联合检查。在检查过程中，因某企业特种设备未办理登记、设备设施不符合生产标准和安全生产要求，两局以共同的名义对其作出罚款决定，该企业不服，欲提起行政复议。根据行政复议法及相关规定，其应向哪个机构申请行政复议？

A. 该区质量技术监督局

B. 该区安全生产监督管理局

C. 该区政府

D. 所属市政府

【答案】C

【知识点】行政复议被申请人

【解析】《行政复议法》第十五条第（四）项规定，对两个或者两个以上行政机关以共同的名义作出的具体行政行为不服的，向其共同上一级行政机关申请行政复议。区质量技术监督局和安全生产监督管理局的共同上一级行政机关为区政府。因此，选项C的说法正确。

综上，本题正确答案为：C。

13. 根据行政复议法及相关规定，下列哪种情形可以申请行政复议？

A. 王某对某行政机关作出的冻结其财产的行政强制措施决定不服的

B. 公务员李某对其所在的行政机关对其作出的记大过行政处分不服的

C. 赵某对某行政机关就其与周某之间的民事纠纷作出的调解不服的

D. 曾某对某地方人民政府规章不服的

【答案】A

【知识点】行政复议的受案范围

【解析】《行政复议法》第六条规定，有下列情形之一的，公民、法人或者其他组织可以依照该法申请行政复议：(一)对行政机关作出的警告、罚款、没收违法所得、没收非法财物、责令停产停业、暂扣或者吊销许可证、暂扣或者吊销执照、行政拘留等行政处罚决定不服的；(二)对行政机关作出的限制人身自由或者查封、扣押、冻结财产等行政强制措施决定不服的；(三)对行政机关作出的有关许可证、执照、资质证、资格证等证书变更、中止、撤销的决定不服的；(四)对行政机关作出的关于确认土地、矿藏、水流、森林、山岭、草原、荒地、滩涂、海域等自然资源的所有权或者使用权的决定不服的；(五)认为行政机关侵犯合法的经营自主权的；(六)认为行政机关变更或废止农业承包合同，侵犯其合法权益的；(七)认为行政机关违法集资、征收财物、摊派费用或者违法要求履行其他义务的；(八)认为符合法定条件，申请行政机关颁发许可证、执照、资质证、资格证等证书，或者申请行政机关审批、登记有关事项，行政机关没有依法办理的；(九)申请行政机关履行保护人身权利、财产权利、受教育权利的法定职责，行政机关没有依法履行的；(十)申请行政机关依法发放抚恤金、社会保险金或者最低生活保障费，行政机关没有依法发放的；(十一)认为行政机关的其他具体行政行为侵犯其合法权益的。在选项A中，王某对某行政机关作出的冻结其财产的行政强制措施决定不服，属于上述条文第(二)项规定的情形，可以申请行政复议，选项A的说法正确。《行政复议法》第八条规定，不服行政机关作出的行政处分或者其他人事处理决定的，依照有关法律、行政法规的规定提出申诉。不服行政机关对民事纠纷作出的调解或者其他处理，依法申请仲裁或者向人民法院提起诉讼。因此，选项B、C的说法错误。《行政复议法》第七条规定，公民、法人或者其他组织认为行政机关的具体行政行为所依据的下列规定不合法，在对具体行政行为申请行政复议时，可以一并向行政复议机关提出对该规定的审查申请：(一)国务院部门的规定；(二)县级以上地方各级人民政府及其工作部门的规定；(三)乡、镇人民政府的规定。前款所列规定不含国务院部、委员会规章和地方人民政府规章。规章的审查依照法律、行政法规办理。因此，选项D的说法错误。

综上，本题正确答案为：A。

14. 某公司认为某具体行政行为侵犯了其合法权益，根据行政复议法及相关规定，该公司通常可以自知道该具体行政行为之日起多长时间内提出行政复议申请？

A. 30日

B. 60日

C. 90日

D. 1年

【答案】B

【知识点】提出行政复议申请的期限

【解析】《行政复议法》第九条第一款规定，公民、法人或者其他组织认为具体行政行为侵犯其合法权益的，可以自知道该具体行政行为之日起60日内提出行政复议申请；但是法律规定的申请期限超过60日的除外。因此，选项B的说法正确，选项A、C、D的说法错误。

综上，本题正确答案为：B。

15. 根据行政诉讼法及相关规定，因不动产提起的行政诉讼，由下列哪个人民法院管辖？
   A. 被告所在地人民法院
   B. 原告所在地人民法院
   C. 被告的上级组织所在地人民法院
   D. 不动产所在地人民法院

【答案】D

【知识点】地域管辖

【解析】《行政诉讼法》第二十条规定，因不动产提起的行政诉讼，由不动产所在地人民法院管辖。因此，选项D的说法正确，选项A、B、C的说法错误。

综上，本题正确答案为：D。

16. 某公司不服某县工商行政管理局作出的吊销企业法人营业执照的行政处罚，向所在市工商行政管理局申请复议，该市工商行政管理局改为罚款1万元，该公司仍然不服，欲提起行政诉讼。根据行政诉讼法及相关规定，下列关于被告的哪种说法是正确的？
   A. 应当以该县工商行政管理局为被告
   B. 应当以该市工商行政管理局为被告
   C. 应当以该县工商行政管理局和该市工商行政管理局为共同被告
   D. 应当以该县人民政府为被告

【答案】B

【知识点】行政诉讼被告

【解析】《行政诉讼法》第二十六条第二款规定，经复议的案件，复议机关决定维持原行政行为的，作出原行政行为的行政机关和复议机关是共同被告；复议机关改变原行政行为的，复议机关是被告。因此，选项B的说法正确，选项A、C、D的说法错误。

综上，本题正确答案为：B。

17. 某人民法院自收到行政诉讼起诉状之日起7日内不能决定是否应予立案受理，根据行政诉讼法及相关规定，下列哪种说法是正确的？
   A. 该人民法院应当先予受理
   B. 该人民法院应当裁定不予受理
   C. 该人民法院应当判决驳回原告的诉讼请求
   D. 该人民法院应当裁定驳回起诉

【答案】A

【知识点】行政诉讼起诉与受理

【解析】《最高人民法院关于执行〈中华人民共和国行政诉讼法〉若干问题的解释》第三十二条第二款规定，7日内不能决定是否受理的，应当先予受理；受理后经审查不符合起诉条件的，裁定驳回起诉。因此，选项A的说法正确。

综上，本题正确答案为：A。

18. 根据著作权法及相关规定，下列哪种属于我国著作权法保护的客体？
    A. 民法总则的官方正式译文
    B. 某电视台报道的时事新闻
    C. 通用数表
    D. 某9岁儿童创作的日记

【答案】D

【知识点】著作权的客体

【解析】《著作权法》第五条规定，该法不适用于：（一）法律、法规，国家机关的决议、决定、命令和其他具有立法、行政、司法性质的文件，及其官方正式译文；（二）时事新闻；（三）历法、通用数表、通用表格和公式。选项A、选项B、选项C分别属于上述第（一）项、第（二）项、第（三）项，都不是本题的正确答案。同时，《著作权法》第三条规定，该法所称的作品，包括以下列形式创作的文学、艺术和自然科学、社会科学、工程技术等作品：（一）文字作品；（二）口述作品；（三）音乐、戏剧、曲艺、舞蹈、杂技艺术作品；（四）美术、建筑作品；（五）摄影作品；（六）电影作品和以类似摄制电影的方法创作的作品；（七）工程设计图、产品设计图、地图、示意图等图形作品和模型作品；（八）计算机软件；（九）法律、行政法规规定的其他作品。选项D属于该规定中第（一）项的文字作品，且是否属于《著作权法》保护客体与作者的民事行为能力无关，因此，选项D的说法正确。

综上，本题正确答案为：D。

19. 根据著作权法及相关规定，下列哪种作品的著作权人享有出租权？
    A. 武侠小说
    B. 戏剧剧本
    C. 计算机软件
    D. 美术作品

【答案】C

【知识点】著作财产权

【解析】《著作权法》第十条第一款规定，著作权包括下列人身权和财产权：……（七）出租权，即有偿许可他人临时使用电影作品和以类似摄制电影的方法创作的作品、计算机软件的权利，计算机软件不是出租的主要标的的除外；……《计算机软件保护条例》第八条规定，软件著作权人享有下列各项权利：……（六）出租权，即有偿许可他人临时使用软件的权利，但是软件不是出租的主要标的的除外；……因此，选项C的说法正确，选项A、B、D的说法错误。

综上，本题正确答案为：C。

20. 某公司主持起草新的绩效考核办法，该公司人力资源部王某接受公司指派承担了具体撰写工作，并上报该公司董事会审议通过。根据著作权法及相关规定，下列哪种说法是正确的？

A．该公司视为该绩效考核办法的作者

B．该绩效考核办法的作者是王某，该绩效考核办法的著作权人也是王某

C．该绩效考核办法的作者是王某，该绩效考核办法的著作权人是该公司

D．该绩效考核办法的署名权由王某享有，该绩效考核办法的复制权由该公司享有

【答案】A

【知识点】作者的认定

【解析】《著作权法》第十一条第三款规定，由法人或者其他组织主持，代表法人或者其他组织意志创作，并由法人或者其他组织承担责任的作品，法人或者其他组织视为作者。新的绩效考核办法由该公司主持，代表该公司意志创作，并由该公司承担责任，属于法人作品，该公司视为该绩效考核办法的作者。因此，选项A的说法正确，选项B的说法错误。同时，《著作权法》第十一条第一款规定，著作权属于作者，该法另有规定的除外。可见，该绩效考核办法的著作权人是该公司，署名权、复制权等均由该公司享有。选项C、D的说法错误。

综上，本题正确答案为：A。

21. 根据著作权法及相关规定，下列关于著作权产生时间的哪种说法是正确的？

A．自作品构思完成之日起产生

B．自作品创作完成之日起产生

C．自作品发表之日起产生

D．自办理作品登记之日起产生

【答案】B

【知识点】著作权产生的时间

【解析】《著作权法实施条例》第六条规定，著作权自作品创作完成之日起产生。因此，选项B的说法正确。

综上，本题正确答案为：B。

22. 根据著作权法及相关规定，下列哪种行为可以不经著作权人许可，不向其支付报酬？

A．张某为介绍某一作品，在其作品中大量引用他人未发表的作品

B．某美术馆为保存版本的需要，复制其收藏的王某画作

C．某出版社为编写出版大学教科书，汇编赵某已经发表的单幅摄影作品

D．甲刊物转载李某在乙刊物上发表的一篇论文

【答案】B

【知识点】著作权的限制

【解析】《著作权法》第二十二条规定，在下列情况下使用作品，可以不经著作权人许

可，不向其支付报酬，但应当指明作者姓名、作品名称，并且不得侵犯著作权人依照本法享有的其他权利：……（二）为介绍、评论某一作品或者说明某一问题，在作品中适当引用他人已经发表的作品；……（八）图书馆、档案馆、纪念馆、博物馆、美术馆等为陈列或者保存版本的需要，复制本馆收藏的作品。前款规定适用于对出版者、表演者、录音录像制作者、广播电台、电视台的权利的限制；……选项A中的"大量引用他人未发表的作品"不符合上述第（二）项的规定，因此选项A的说法错误。选项B符合上述第（八）项的规定，可以不经著作权人许可，不向其支付报酬，选项B的说法正确。

《著作权法》第二十三条第一款规定，为实施九年制义务教育和国家教育规划而编写出版教科书，除作者事先声明不许使用的外，可以不经著作权人许可，在教科书中汇编已经发表的作品片段或者短小的文字作品、音乐作品或者单幅的美术作品、摄影作品，但应当按照规定支付报酬，指明作者姓名、作品名称，并且不得侵犯著作权人依照该法享有的其他权利。首先，选项C并非为实施九年制义务教育和国家教育规划而编写出版教科书；其次，即使是为实施九年制义务教育和国家教育规划而编写出版教科书，也应当按照规定支付报酬。因此，选项C的说法错误。

《著作权法》第三十三条第二款规定，作品刊登后，除著作权人声明不得转载、摘编的外，其他报刊可以转载或者作为文摘、资料刊登，但应当按照规定向著作权人支付报酬。首先，选项D中并未明确著作权人是否声明不得转载、摘编；其次，即使著作权人并未声明不得转载、摘编，也应当按照规定向著作权人支付报酬。因此，选项D的说法错误。

综上，本题正确答案为：B。

23. 根据著作权法及相关规定，下列哪种权利属于著作人身权？
    A. 发表权
    B. 发行权
    C. 改编权
    D. 信息网络传播权

【答案】A

【知识点】著作权人享有的人身权利和财产权利

【解析】《著作权法》第十条第一款规定，著作权包括下列人身权和财产权：（一）发表权，即决定作品是否公之于众的权利；（二）署名权，即表明作者身份，在作品上署名的权利；（三）修改权，即修改或者授权他人修改作品的权利；（四）保护作品完整权，即保护作品不受歪曲、篡改的权利；（五）复制权，即以印刷、复印、拓印、录音、录像、翻录、翻拍等方式将作品制作一份或者多份的权利；（六）发行权，即以出售或者赠与方式向公众提供作品的原件或者复制件的权利；（七）出租权，即有偿许可他人临时使用电影作品和以类似摄制电影的方法创作的作品、计算机软件的权利，计算机软件不是出租的主要标的的除外；（八）展览权，即公开陈列美术作品、摄影作品的原件或者复制件的权利；（九）表演权，即公开表演作品，以及用各种手段公开播送作品的表演的权利；（十）放映权，即通过放映机、幻灯机等技术设备公开再现美术、摄影、电影和以类似摄制电影的方法创作的作品等的权利；（十一）广播权，即以无线方式公开广播或者传播作品，以有线传播或者转播的方式向公众传播广播的作品，以及通过扩音器或者其他传送符号、声音、图像的类似工具向公众传播广播的作品的权利；（十二）信息网络传播权，即以有线或者无线方式向公众提供作品，使公众可以在其个人选定的时间和地点获得作品的权利；（十三）摄制权，即以摄制电影或者以类似摄制电影的方法将作品固定在载体上的权利；（十四）改编权，即改变作品，创作出具有独创性的新作品的权利；（十五）翻译权，即将作品从一种语言文字转换成另一种语言文字的权利；（十六）汇编权，即将作品或者作品的片段通过选择或者编排，汇集成新作品的权利；（十七）应当由著作权人享有的其他权利。其中，第（一）项至第（四）项是著作权中的人身权，本题4个选项中只有选项A是著作权中的人身权，选项B、C、D都是著作权中的财产权。

综上，本题正确答案为：A。

24. 根据商标法及相关规定，下列哪种标志可以作为商标使用？
　　A. 与表明实施控制、予以保证的官方标志、检验印记近似，但经过授权的
　　B. 同中央国家机关的名称相同的
　　C. 同"红新月"的标志近似的
　　D. 带有欺骗性，容易使公众对商品质量产生误认的

【答案】A

【知识点】不得作为商标使用的标志

【解析】《商标法》第十条规定，下列标志不得作为商标使用：（一）同中华人民共和国的国家名称、国旗、国徽、国歌、军旗、军徽、军歌、勋章等相同或者近似的，以及同中央国家机关的名称、标志、所在地特定地点的名称或者标志性建筑物的名称、图形相同的；（二）同外国的国家名称、国旗、国徽、军旗等相同或者近似的，但经该国政府同意的除外；（三）同政府间国际组织的名称、旗帜、徽记等相同或者近似的，但经该组织同意或者不易误导公众的除外；（四）与表明实施控制、予以保证的官方标志、检验印记相同或者近似的，但经授权的除外；（五）同"红十字""红新月"的名称、标志相同或者近似的；（六）带有民族歧视性的；（七）带有欺骗性，容易使公众对商品的质量等特点或者产地产生误认的；（八）有害于社会主义道德风尚或者有其他不良影响的。选项B、C、D属于前述第（一）项、第（五）项、第（七）项规定的情形，不得作为商标使用。选项A并不符合前述第（四）项规定的情形，可以作为商标使用。因此，选项A的说法正确。

综上，本题正确答案为：A。

25. 根据商标法及相关规定，甲公司的商标在中国政府承认的国际展览会展出的商品上首次使用，甲公司在多长时间内可以享有优先权？
　　A. 自该商品展出之日起15个月内

B. 自该商品展出之日起 6 个月内

C. 自该商品展出之日起 9 个月内

D. 自该商品展出之日起 12 个月内

【答案】B

【知识点】优先权

【解析】《商标法》第二十六条第一款规定，商标在中国政府主办的或者承认的国际展览会展出的商品上首次使用的，自该商品展出之日起 6 个月内，该商标的注册申请人可以享有优先权。因此，选项 B 的说法正确。

综上，本题正确答案为：B。

26. 根据商标法及相关规定，被异议人对商标评审委员会做出的不予注册的复审决定不服的，向人民法院起诉，下列哪种说法是正确的？

A. 人民法院应当通知异议人作为原告参加诉讼

B. 人民法院应当通知异议人作为被告参加诉讼

C. 人民法院应当通知异议人作为第三人参加诉讼

D. 人民法院应当通知异议人作为证人参加诉讼

【答案】C

【知识点】注册商标专用权的审查和核准

【解析】《商标法》第三十五条第三款规定，被异议人对商标评审委员会的决定不服的，可以自收到通知之日起 30 日内向人民法院起诉。人民法院应当通知异议人作为第三人参加诉讼。因此，选项 C 的说法正确。

综上，本题正确答案为：C。

27. 根据商标法及相关规定，商标局做出宣告注册商标无效的决定，应当书面通知当事人。当事人对商标局做出的决定不服的，可以向哪个主体申请复审？

A. 商标局

B. 商标评审委员会

C. 人民法院

D. 人民检察院

【答案】B

【知识点】宣告注册商标无效后的救济

【解析】《商标法》第四十四条第二款规定，商标局做出宣告注册商标无效的决定，应当书面通知当事人。当事人对商标局的决定不服的，可以自收到通知之日起 15 日内向商标评审委员会申请复审。……因此，选项 B 的说法正确。

综上，本题正确答案为：B。

28. 张某于 2015 年 10 月 11 日独立完成了某植物新品种的育种，王某于 2016 年 2 月 14 日也独立完成了该植物新品种的育种。张某和王某均于 2016 年 6 月 18 日分别就该植物新品种申请品种权。如果张某和王某就该植物新品种提交的品种权申请均符合授予品种权的其他条件，则品种权应当授予何人？

　　A. 张某

　　B. 王某

　　C. 由张某和王某协商确定，不愿协商或协商不成的，以抽签的方式确定申请人

　　D. 由张某和王某协商确定，不愿协商或协商不成的，驳回张某和王某的申请

【答案】A

【知识点】品种权的申请和受理

【解析】《植物新品种保护条例》第八条规定，一个植物新品种只能授予一项品种权。两个以上的申请人分别就同一个植物新品种申请品种权的，品种权授予最先完成该植物新品种育种的人。由于张某于 2015 年 10 月 11 日独立完成了某植物新品种的育种，王某于 2016 年 2 月 14 日独立完成了该植物新品种的育种，张某完成植物新品种育种的时间早于王某。因此，选项 A 的说法正确，选项 B、C、D 的说法错误。

　　综上，本题正确答案为：A。

29. 根据集成电路布图设计保护条例的规定，下列哪种文件是申请布图设计登记应当提交的？

　　A. 布图设计的复印件或者图样

　　B. 说明书摘要

　　C. 说明书

　　D. 说明书附图

【答案】A

【知识点】集成电路布图设计申请应提交的材料

【解析】《集成电路布图设计保护条例》第十六条规定，布图设计登记，应当提交：（一）布图设计登记申请表；（二）布图设计的复印件或者图样；（三）布图设计已投入商业利用的，提交含有该布图设计的集成电路样品；（四）国务院知识产权行政部门规定的其他材料。因此，选项 A 的说法正确。选项 B、C、D 是发明和实用新型专利申请需要提交的材料，不是申请布图设计登记应当提交的文件，因此选项 B、C、D 错误。

　　综上，本题正确答案为：A。

30.《保护工业产权巴黎公约》规定，本联盟任何国家的国民，在保护工业产权方面，在本联盟所有其他国家内应享有各该国法律现在授予或今后可能授予国民的各种利益；一切都不应损害本公约特别规定的权利。因此，他们应和国民享有同样的保护，对侵犯他们的权利享有同样的法律上的救济手段，但是他们遵守对国民规定的条件和手续为限。上述规定可以概括为什

么原则？

　　A．对等原则

　　B．差别待遇原则

　　C．最惠国待遇原则

　　D．国民待遇原则

【答案】D

【知识点】国民待遇原则

【解析】《保护工业产权巴黎公约》第二条第一款规定，本联盟任何国家的国民，在保护工业产权方面，在本联盟所有其他国家内应享有各该国法律现在授予或今后可能授予国民的各种利益；一切都不应损害本公约特别规定的权利。因此，他们应和国民享有同样的保护，对侵犯他们的权利享有同样的法律上的救济手段，但是他们遵守对国民规定的条件和手续为限。这是关于本联盟各国国民的国民待遇规定，因此，选项D的说法正确，选项A、B、C的说法错误。

　　综上，本题正确答案为：D。

二、多项选择题（每题所设选项中至少有两个正确答案，多选、少选、错选或不选均不得分）。本部分含31—100题，每题1分，共70分。

31．根据民法通则及相关规定，下列关于法人的哪些说法是正确的？

　　A．法人是具有民事权利能力和民事行为能力，依法独立享有民事权利和承担民事义务的组织

　　B．法人的民事权利能力和民事行为能力，从法人成立时产生，到法人终止时消灭

　　C．企业法人合并，它的权利和义务由变更后的法人享有和承担

　　D．法人以它的法定代表人住所地为住所

【答案】ABC

【知识点】法人的概念　法人的能力和责任　法人的住所

【解析】《民法通则》第三十六条规定，法人是具有民事权利能力和民事行为能力，依法独立享有民事权利和承担民事义务的组织。法人的民事权利能力和民事行为能力，从法人成立时产生，到法人终止时消灭。因此，选项A、B的说法正确。《民法通则》第四十四条第二款规定，企业法人分立、合并，它的权利和义务由变更后的法人享有和承担。因此，选项C的说法正确。《民法通则》第三十九条规定，法人以它的主要办事机构所在地为住所。因此，选项D的说法错误。

　　综上，本题正确答案为：A、B、C。

32．某高校毕业生张某正在找工作，其与王某签订了一份房屋租赁协议，双方约定如果张某被在北京的甲公司录用，王某就将其拥有的北京房屋租给张某居住。根据民法通则及相关规定，

下列哪些说法是正确的？

A. 该租赁协议是附期限的民事法律行为

B. 该租赁协议是附条件的民事法律行为

C. 该租赁协议已经生效

D. 该租赁协议已经成立，但未生效

【答案】BD

【知识点】附条件的民事法律行为

【解析】《民法通则》第六十二条规定，民事法律行为可以附条件，附条件的民事法律行为在符合所附条件时生效。《最高人民法院关于贯彻执行〈中华人民共和国民法通则〉若干问题的意见（试行）》第七十六条规定，附期限的民事法律行为，在所附期限到来时生效或者解除。在张某与王某签订的房屋租赁协议中，约定如果张某被在北京的甲公司录用，王某就将其拥有的北京房屋租给张某居住。由于毕业生张某正在找工作，其中"张某被在北京的甲公司录用"具有不确定性，不是期限而是条件，选项A的说法错误，选项B的说法正确。《最高人民法院关于贯彻执行〈中华人民共和国民法通则〉若干问题的意见（试行）》第七十五条规定，附条件的民事行为，如果所附的条件是违背法律规定或者不可能发生的，应当认定该民事行为无效。签订该房屋租赁协议的行为属于附条件的民事法律行为，并且所附的条件并非违背法律规定或者不可能发生的情况，该民事法律行为在符合所附条件时生效。因此，该租赁协议已经成立但未生效，选项C的说法错误，选项D的说法正确。

综上，本题正确答案为：B、D。

33. 根据民法通则及相关规定，财产所有权是指所有人依法对自己的财产享有哪些权利？

A. 占有

B. 使用

C. 收益

D. 处分

【答案】ABCD

【知识点】财产所有权的概念

【解析】《民法通则》第七十一条规定，财产所有权是指所有人依法对自己的财产享有占有、使用、收益和处分的权利。因此，选项A、B、C、D的说法正确。

综上，本题正确答案为：A、B、C、D。

34. 根据民法通则及相关规定，对于11周岁的王某实施的下列哪些行为，他人不得以王某不具备完全民事行为能力为由主张无效？

A. 接受亲友赠与的玩具

B. 接受某基金会的资助

C. 购买一套价值千万的别墅

D. 接受参加歌唱比赛所获得的奖品

【答案】ＡＢＤ

【知识点】民事行为能力

【解析】《民法通则》第十二条第一款规定，10周岁以上的未成年人是限制民事行为能力人，可以进行与他的年龄、智力相适应的民事活动；其他民事活动由他的法定代理人代理，或者征得他的法定代理人的同意。因此，11周岁的王某是限制民事行为能力人。《最高人民法院关于贯彻执行〈中华人民共和国民法通则〉若干问题的意见（试行）》第六条规定，无民事行为能力人、限制民事行为能力人接受奖励、赠与、报酬，他人不得以行为人无行为能力、限制行为能力为由，主张以上行为无效。可见，王某接受奖励、赠与、报酬，他人不得以行为人无行为能力、限制行为能力为由，主张以上行为无效。选项A、B、D的说法正确。

综上，本题正确答案为：A、B、D。

35. 李某因所乘飞机失事自2011年6月1日至今下落不明。根据民法通则及相关规定，下列哪些说法是正确的？

　　A. 如果李某的父母欲申请宣告李某死亡，其妻不同意，人民法院可以根据李某父母的申请宣告李某死亡

　　B. 如果李某的配偶申请宣告李某死亡，人民法院最早可在2016年6月1日宣告李某死亡

　　C. 如果人民法院宣告李某死亡，则判决宣告之日为李某死亡的日期

　　D. 如果与李某具有民事权利义务关系的人发现李某尚在世，即使李某的配偶不同意，该利害关系人也可以申请撤销对李某的死亡宣告

【答案】ＣＤ

【知识点】宣告死亡

【解析】《最高人民法院关于贯彻执行〈中华人民共和国民法通则〉若干问题的意见（试行）》第二十五条规定，申请宣告死亡的利害关系人的顺序是：（一）配偶；（二）父母、子女；（三）兄弟姐妹、祖父母、外祖父母、孙子女、外孙子女；（四）其他有民事权利义务关系的人。申请撤销死亡宣告不受上列顺序限制。据此，选项A的说法错误，选项D的说法正确。《民法通则》第二十三条第一款规定，公民有下列情形之一的，利害关系人可以向人民法院申请宣告他死亡：（一）下落不明满4年的；（二）因意外事故下落不明，从事故发生之日起满2年的。据此选项B的说法错误。《最高人民法院关于贯彻执行〈中华人民共和国民法通则〉若干问题的意见（试行）》第三十六条规定，被宣告死亡的人，判决宣告之日为其死亡的日期。判决书除发给申请人外，还应当在被宣告死亡的人住所地和人民法院所在地公告。因此，选项C的说法正确。

综上，本题正确答案为：C、D。

36. 根据民法通则及相关规定，下列哪些情形下委托代理终止？

A. 代理人辞去委托

B. 被代理人取消委托

C. 代理人丧失民事行为能力

D. 作为被代理人的法人终止

【答案】ＡＢＣＤ

【知识点】代理关系的消灭

【解析】《民法通则》第六十九条规定，有下列情形之一的，委托代理终止：（一）代理期间届满或者代理事务完成；（二）被代理人取消委托或者代理人辞去委托；（三）代理人死亡；（四）代理人丧失民事行为能力；（五）作为被代理人或者代理人的法人终止。选项A、B属于上述第（二）项规定的情形，选项C、D分别属于上述第（四）（五）项规定的情形。

综上，本题正确答案为：A、B、C、D。

37. 张某创作了文字作品《专利代理人的一天》，其著作权受到李某的侵害。根据民法通则及相关规定，张某有权要求李某承担哪些民事责任？

A. 停止侵害

B. 消除影响

C. 赔偿损失

D. 支付违约金

【答案】ＡＢＣ

【知识点】侵权的民事责任

【解析】《民法通则》第一百一十八条规定，公民、法人的著作权（版权）、专利权、商标专用权、发现权、发明权和其他科技成果权受到剽窃、篡改、假冒等侵害的，有权要求停止侵害，消除影响，赔偿损失。因此，选项A、B、C的说法正确。同时，《民法通则》第一百一十二条规定，当事人一方违反合同的赔偿责任，应当相当于另一方因此所受到的损失。当事人可以在合同中约定，一方违反合同时，向另一方支付一定数额的违约金；也可以在合同中约定对于违反合同而产生的损失赔偿额的计算方法。支付违约金属于违反合同的民事责任方式，在民事侵权中一般不存在支付违约金的责任方式。因此，选项D的说法错误。

综上，本题正确答案为：A、B、C。

38. 根据民法通则及相关规定，下列有关涉外民事关系法律适用的哪些说法是正确的？

A. 不动产的所有权，适用不动产所在地法律

B. 侵权行为的损害赔偿，适用侵权行为地法律；当事人双方国籍相同或者在同一国家有住所的，也可以适用当事人本国法律或者住所地法律

C. 抚养适用与被扶养人有最密切联系的国家的法律

D. 遗产为动产的，其法定继承适用被继承人死亡时住所地法律

【答案】ＡＢＣＤ

【知识点】涉外民事关系的法律适用

【解析】《民法通则》第一百四十四条规定，不动产所有权，适用不动产所在地法律。因此，选项A的说法正确。《民法通则》第一百四十六条第一款规定，侵权行为的损害赔偿，适用侵权行为地法律。当事人双方国籍相同或者在同一国家有住所的，也可以适用当事人本国法律或者住所地法律。因此，选项B的说法正确。《民法通则》第一百四十八条规定，扶养适用与被扶养人有最密切联系的国家的法律。因此，选项C的说法正确。《民法通则》第一百四十九条规定，遗产的法定继承，动产适用被继承人死亡时住所地法律，不动产适用不动产所在地法律。因此，选项D的说法正确。

综上，本题正确答案为：A、B、C、D。

39. 甲公司发布招标公告，选择专利代理机构办理专利复审事务。乙专利代理机构根据该招标公告制作并提交了投标书参加投标。根据合同法及相关规定，下列哪些说法是正确的？

   A. 甲公司发布的招标公告是要约邀请

   B. 甲公司发布的招标公告是要约

   C. 乙专利代理机构提交的投标书可以撤回，撤回该投标书的通知应当在甲公司发出承诺通知之前到达甲公司

   D. 乙专利代理机构提交的投标书可以撤销，撤销该投标书的通知应当在甲公司发出承诺通知之前到达甲公司

【答案】AD

【知识点】要约、要约邀请的含义　要约的撤销、撤回

【解析】《合同法》第十五条第一款规定，要约邀请是希望他人向自己发出要约的意思表示。寄送的价目表、拍卖公告、招标公告、招股说明书、商业广告等为要约邀请。甲公司发布的招标公告是要约邀请，因此，选项A的说法正确。《合同法》第十四条规定，要约是希望和他人订立合同的意思表示，该意思表示应当符合下列规定：（一）内容具体确定；（二）表明经受要约人承诺，要约人即受该意思表示约束。因此，选项B的说法错误。《合同法》第十七条规定，要约可以撤回。撤回要约的通知应当在要约到达受要约人之前或者与要约同时到达受要约人。因此，选项C的说法错误。《合同法》第十八条规定，要约可以撤销，撤销要约的通知应当在受要约人发出承诺通知之前到达受要约人。因此，选项D的说法正确。

综上，本题正确答案为：A、D。

40. 根据合同法及相关规定，有下列哪些情形之一的，要约失效？

   A. 拒绝要约的通知到达要约人

   B. 要约人依法撤销要约

   C. 承诺期限届满，受要约人未作出承诺

   D. 受要约人对要约的内容做出实质性变更

【答案】ＡＢＣＤ

【知识点】要约效力

【解析】《合同法》第二十条规定，有下列情形之一的，要约失效：（一）拒绝要约的通知到达要约人；（二）要约人依法撤销要约；（三）承诺期限届满，受要约人未作出承诺；（四）受要约人对要约的内容做出实质性变更。因此，选项A、B、C、D的说法正确。

综上，本题正确答案为：A、B、C、D。

41. 根据合同法及相关规定，下列哪些说法是正确的？
   A. 在订立合同时显失公平的，当事人一方有权请求人民法院或者仲裁机构变更或者撤销
   B. 合同被依法撤销的，该合同自人民法院判决撤销之日起丧失法律约束力
   C. 合同部分无效，不影响其他部分效力的，其他部分仍然有效
   D. 合同被撤销后，因该合同取得的财产应当予以返还；不能返还或者没有必要返还的，应当折价补偿

【答案】ＡＣＤ

【知识点】可变更、可撤销的合同

【解析】《合同法》第五十四条第一款规定，下列合同，当事人一方有权请求人民法院或者仲裁机构变更或者撤销：（一）因重大误解订立的；（二）在订立合同时显失公平的。因此，选项A的说法正确。《合同法》第五十六条规定，无效的合同或者被撤销的合同自始没有法律约束力。合同部分无效，不影响其他部分效力的，其他部分仍然有效。因此，选项B的说法错误，选项C的说法正确。《合同法》第五十八条规定，合同无效或者被撤销后，因该合同取得的财产应当予以返还；不能返还或者没有必要返还的，应当折价补偿。有过错的一方应当赔偿对方因此所受到的损失，双方都有过错的，应当各自承担相应的责任。因此，选项D的说法正确。

综上，本题正确答案为：A、C、D。

42. 甲公司与乙公司签订了买卖合同，根据合同法及相关规定，下列哪些说法是正确的？
   A. 买卖合同没有约定交货和付款的先后顺序的，甲公司在乙公司没有交货之前有权拒绝其付款的要求
   B. 买卖合同约定先交货后付款的，甲公司在乙公司交货不符合约定时有权拒绝其付款的要求
   C. 买卖合同约定先交货后付款的，乙公司在交货前有确切证据证明甲公司经营状况严重恶化的，可以中止履行合同
   D. 买卖合同约定先交货后付款的，乙公司在交货前有确切证据证明甲公司丧失商业信誉的，可以自行解除合同

【答案】ＡＢＣ

【知识点】合同履行的抗辩权、合同解除

【解析】《合同法》第六十六条规定,当事人互负债务,没有先后履行顺序的,应当同时履行。一方在对方履行之前有权拒绝其履行要求。一方在对方履行债务不符合约定的,后履行一方有权拒绝其相应的履行要求。因此,选项A的说法正确。《合同法》第六十七条规定,当事人互负债务,有先后履行顺序,先履行一方未履行的,后履行一方有权拒绝其履行要求。先履行一方履行债务不符合约定的,后履行一方有权拒绝其相应的履行要求。因此,选项B的说法正确。《合同法》第六十八条第一款规定,应当先履行债务的当事人,有确切证据证明对方有下列情形之一的,可以中止履行:(一)经营状况严重恶化;(二)转移资产、抽逃资金,以逃避债务的;(三)丧失商业信誉;(四)有丧失或者可能丧失履行债务能力的其他情形。因此,选项C的说法正确。《合同法》第九十四条规定,有下列情形之一的,当事人可以解除合同:(一)因不可抗力致使不能实现合同目的;(二)在履行期限届满之前,当事人一方明确表示或者以自己的行为表明不履行主要债务;(三)当事人一方迟延履行主要债务,经催告后在合理期限内仍未履行;(四)当事人一方迟延履行债务或者有其他违约行为致使不能实现合同目的;(五)法律规定的其他情形。本题目选项D中的情形不属于上述情形,因此,乙公司不能自行解除合同,选项C的说法错误。

综上,本题正确答案为:A、B、C。

43. 甲公司欠乙公司工程款100万元,债务到期后甲公司因资金不足久拖不还。同时,甲公司将价值200万元的200件产品无偿转让给丙公司,给乙公司造成了损害。根据合同法及相关规定,下列关于乙公司行使撤销权的哪些说法是正确的?

　　A. 乙公司可以请求人民法院撤销甲公司的无偿转让行为
　　B. 乙公司在其知道或者应当知道撤销事由之日起5年内均可行使撤销权
　　C. 乙公司撤销权行使的范围为200万元
　　D. 乙公司行使撤销权的必要费用,由甲公司负担

【答案】AD
【知识点】合同履行的保全
【解析】《合同法》第七十四条第一款规定,因债务人放弃其到期债权或者无偿转让财产,对债权人造成损害的,债权人可以请求人民法院撤销该债务人的行为。债务人以明显不合理的低价转让财产,对债权人造成损害,并且受让人知道该情形的,债权人也可以请求人民法院撤销债务人的行为。因此,选项A的说法正确。《合同法》第七十五条规定,撤销权自债权人知道或者应当知道撤销事由之日起1年内行使。自债务人的行为发生之日起5年内没有行使撤销权的,该撤销权消灭。因此,选项B的说法错误。《合同法》第七十四条第二款规定,撤销权的行使范围以债权人的债权为限。债权人行使撤销权的必要费用,由债务人承担。由于撤销权的行使范围以债权人的债权为限,因此乙公司撤销权行使的范围为100万元,选项C的说法错误。同时,债权人行使撤销权的必要费用由债务人承担,选项D的说法正确。

综上,本题正确答案为:A、D。

44. 根据合同法及相关规定，当事人对合同条款的理解有争议的，应当按照下列哪些因素确定该条款的真实意思？

　　A. 合同所使用的词句

　　B. 合同的有关条款

　　C. 合同的目的

　　D. 交易习惯以及诚实信用原则

【答案】A B C D

【知识点】合同的解释规则

【解析】《合同法》第一百二十五条规定，当事人对合同条款的理解有争议的，应当按照合同所使用的词句、合同的有关条款、合同的目的、交易习惯以及诚实信用原则，确定该条款的真实意思。因此，选项A、B、C、D的说法正确。

　　综上，本题正确答案为：A、B、C、D。

45. 根据合同法及相关规定，有下列哪些情形之一的，当事人可以解除合同？

　　A. 因不可抗力致使不能实现合同目的

　　B. 在履行期限届满之前，当事人一方明确表示不履行主要债务

　　C. 当事人一方迟延履行主要债务，经催告后在合理期限内仍未履行

　　D. 当事人一方迟延履行债务致使不能实现合同目的

【答案】A B C D

【知识点】合同解除

【解析】《合同法》第九十四条规定，有下列情形之一的，当事人可以解除合同：（一）因不可抗力致使不能实现合同目的；（二）在履行期限届满之前，当事人一方明确表示或者以自己的行为表明不履行主要债务；（三）当事人一方迟延履行主要债务，经催告后在合理期限内仍未履行；（四）当事人一方迟延履行债务或者有其他违约行为致使不能实现合同目的；（五）法律规定的其他情形。选项A、B、C、D分别属于上述第（一）项、第（二）项、第（三）项、第（四）项，因此选项A、B、C、D的说法正确。

　　综上，本题正确答案为A、B、C、D。

46. 根据合同法及相关规定，下列关于合同中格式条款的哪些说法是正确的？

　　A. 采用格式条款订立合同的，提供格式条款的一方应当遵循公平原则确定当事人之间的权利和义务

　　B. 采用格式条款订立合同的，提供格式条款的一方应当采取合理的方式提请对方注意免除或者限制其责任的条款

　　C. 提供格式条款一方加重对方责任的，该格式条款无效

　　D. 对格式条款有两种以上解释的，应当作出有利于提供格式条款一方的解释

【答案】A B C

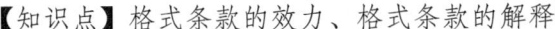

【知识点】格式条款的效力、格式条款的解释

【解析】《合同法》第三十九条第一款规定，采用格式条款订立合同的，提供格式条款一方应当遵循公平原则确定当事人之间的权利和义务，并采取合理的方式提请对方注意免除或者限制其责任的条款，按照对方的要求，对该条款予以说明。因此，选项A、B的说法正确。《合同法》第四十条规定，格式条款具有该法第五十二条和第五十三条规定情形的，或者提供格式条款一方免除其责任、加重对方责任、排除对方主要权利的，该条款无效。因此，选项C的说法正确。《合同法》第四十一条规定，对格式条款的理解发生争议的，应当按照通常理解予以解释。对格式条款有两种以上解释的，应当作出不利于提供格式条款一方的解释。格式条款和非格式条款不一致的，应当采用非格式条款。因此，选项D的说法错误。

综上，本题正确答案为：A、B、C。

47. 根据合同法及相关规定，合同当事人一方不履行非金钱债务的，下列哪些情形下，另一方当事人不能要求其继续履行？

    A. 该债务的标的不适于强制履行
    B. 债权人在合理期限内未要求履行
    C. 该债务在法律上不能履行
    D. 该债务在事实上不能履行

【答案】ABCD

【知识点】违约责任的概念及特征

【解析】《合同法》第一百一十条规定，当事人一方不履行非金钱债务或者履行非金钱债务不符合约定的，对方可以要求履行，但有下列情形之一的除外：（一）法律上或者事实上不能履行；（二）债务的标的不适于强制履行或者履行费用过高；（三）债权人在合理期限内未要求履行。因此，选项A、B、C、D的说法正确。

综上，本题正确答案为：A、B、C、D。

48. 甲公司与乙专利代理机构签订委托合同，由乙专利代理机构代理某专利行政诉讼案件，乙专利代理机构指派专利代理人张某担任诉讼代理人。张某在一审开庭后感觉案件复杂疑难，本人和该事务所难以胜任。根据合同法及相关规定，下列哪些说法是正确的？

    A. 乙专利代理机构可以随时解除委托合同
    B. 甲公司可以随时解除委托合同
    C. 专利代理人张某可以随时解除委托合同
    D. 专利代理人张某可以无需甲公司同意自行转委托丙专利代理机构的李某代理该案件

【答案】AB

【知识点】委托合同

【解析】《合同法》第四百一十条规定，委托人或者受托人可以随时解除委托合同。因解除合同给对方造成损失的，除不可及归责于该当事人的事由以外，应当赔偿损失。因此，选项A、B的说法正确。同时，由于委托合同的双方当事人系甲公司与乙专利代理机构，专利代理人张某并非合同当事人，无权解除委托合同，选项C的说法错误。《合同法》第四百条规定，受托人应当亲自处理委托事务。经委托人同意，受托人可以转委托。转委托经同意的，委托人可以就委托事务直接指示转委托的第三人，受托人仅就第三人的选任及其对第三人的指示承担责任。转委托未经同意的，受托人应当对转委托的第三人的行为承担责任，但在紧急情况下受托人为维护委托人的利益需要转委托的除外。因此，一方面，专利代理人张某无权进行转委托；另一方面，转委托需要经过委托人同意。可见，选项D的说法错误。

综上，本题正确答案为：A、B。

49. 甲公司与方某签订技术开发合同，委托方某研究开发一套自动化控制系统，双方未约定权利归属。关于本案，下列哪些说法是正确的？

　　A. 申请专利的权利属于方某
　　B. 申请专利的权利属于方某和甲公司共有
　　C. 如果方某转让专利申请权的，甲公司享有以同等条件优先受让的权利
　　D. 如果方某取得专利权的，甲公司可以免费实施该专利

【答案】A C D

【知识点】技术开发合同

【解析】《合同法》第三百三十九条第一款规定，委托开发完成的发明创造，除当事人另有约定的以外，申请专利的权利属于研究开发人。研究开发人取得专利权的，委托人可以免费实施该专利。据此可知，本题中，由于双方未对技术成果的归属进行约定，因此，申请专利的权利属于方某，选项A的说法正确，选项B的说法错误。同时，如果方某取得专利权的，甲公司可以免费实施该专利，选项D的说法正确。《合同法》第三百三十九条第二款规定，研究开发人转让专利申请权的，委托人享有以同等条件优先受让的权利。因此，选项C的说法正确。

综上，本题正确答案为：A、C、D。

50. 根据民事诉讼法及相关规定，下列关于诉讼代理人的哪些说法是正确的？

　　A. 律师可以被委托为诉讼代理人
　　B. 当事人的工作人员可以被委托为诉讼代理人
　　C. 有关社会团体推荐的公民可以被委托为诉讼代理人
　　D. 专利代理人经中华全国专利代理人协会推荐，可以在专利纠纷案件中担任诉讼代理人

【答案】A B C D

【知识点】诉讼代理人

【解析】《民事诉讼法》第五十八条规定，当事人、法定代理人可以委托一至二人作为诉

讼代理人。下列人员可以被委托为诉讼代理人：（一）律师、基层法律服务工作者；（二）当事人的近亲属或者工作人员；（三）当事人所在社区、单位以及有关社会团体推荐的公民。因此，选项A、B、C的说法正确。《最高人民法院关于适用〈中华人民共和国民事诉讼法〉的解释》第八十七条第二款规定，专利代理人经中华全国专利代理人协会推荐，可以在专利纠纷案件中担任诉讼代理人。因此，选项D的说法正确。

综上，本题正确答案为：A、B、C、D。

51. 根据民事诉讼法及相关规定，专利纠纷案件由哪些人民法院管辖？
   A. 知识产权法院
   B. 海事法院
   C. 最高人民法院确定的中级人民法院
   D. 最高人民法院确定的基层人民法院

【答案】A C D
【知识点】专属管辖
【解析】《最高人民法院关于适用〈中华人民共和国民事诉讼法〉的解释》第二条第一款规定，专利纠纷案件由知识产权法院、最高人民法院确定的中级人民法院和基层人民法院管辖。因此，选项A、C、D的说法正确，选项B的说法错误。

综上，本题正确答案为：A、C、D。

52. 根据民事诉讼法及相关规定，下列关于管辖的哪些说法是正确的？
   A. 对下落不明的人提起的有关身份关系的诉讼，由原告住所地人民法院管辖；原告住所地与经常居住地不一致的，由原告住所地人民法院管辖
   B. 因合同纠纷提起的诉讼，由被告住所地或者合同履行地人民法院管辖
   C. 因保险合同纠纷提起的诉讼，由被告住所地或者保险标的物所在地人民法院管辖
   D. 因公司设立纠纷提起的诉讼，由公司住所地人民法院管辖

【答案】B C D
【知识点】地域管辖
【解析】《民事诉讼法》第二十二条规定，下列民事诉讼，由原告住所地人民法院管辖，原告住所地与经常居住地不一致的，由原告经常居住地人民法院管辖：（一）对不在中华人民共和国领域内居住的人提起的有关身份关系的诉讼；（二）对下落不明或者宣告失踪的人提起的有关身份关系的诉讼；（三）对被采取强制性教育措施的人提起的诉讼；（四）对被监禁的人提起的诉讼。根据上述第（二）项的规定，原告住所地与经常居住地不一致的，由原告经常居住地人民法院管辖，选项A的说法错误。《民事诉讼法》第二十三条规定，因合同纠纷提起的诉讼，由被告住所地或者合同履行地人民法院管辖。因此，选项B的说法正确。《民事诉讼法》第二十四条规定，因保险合同纠纷提起的诉讼，由被告住所地或者保险标的物所在地人民法院管辖。因此，选项C的说法正确。《民事诉讼法》第二十六条规定，因公

司设立、确认股东资格、分配利润、解散等纠纷提起的诉讼,由公司住所地人民法院管辖。因此,选项D的说法正确。

综上,本题正确答案为:B、C、D。

53. 根据民事诉讼法及相关规定,下列哪些可以作为民事诉讼证据?
　　A. 电子数据
　　B. 勘验笔录
　　C. 当事人的陈述
　　D. 视听资料

【答案】ABCD

【知识点】证据的种类

【解析】《民事诉讼法》第六十三条规定,证据包括:(一)当事人的陈述;(二)书证;(三)物证;(四)视听资料;(五)电子数据;(六)证人证言;(七)鉴定意见;(八)勘验笔录。证据必须查证属实,才能作为认定事实的根据。因此,选项A、B、C、D的说法正确。

综上,本题正确答案为:A、B、C、D。

54. 根据民事诉讼法及相关规定,下列关于证据保全的哪些说法是正确的?
　　A. 在证据可能灭失的情况下,当事人可以在诉讼过程中申请保全证据
　　B. 证据保全只能依当事人申请进行,人民法院不得主动采取保全措施
　　C. 当事人申请证据保全的,可以在举证期限届满前书面提出
　　D. 证据保全可能对他人造成损失的,人民法院应当责令申请人提供相应的担保

【答案】ACD

【知识点】证据保全

【解析】《民事诉讼法》第八十一条第一款规定,在证据可能灭失或者以后难以取得的情况下,当事人可以在诉讼过程中向人民法院申请保全证据,人民法院也可以主动采取保全措施。因此,选项A的说法正确,选项B的说法错误。《最高人民法院关于适用〈中华人民共和国民事诉讼法〉的解释》第九十八条第一款规定,当事人根据《民事诉讼法》第八十一条第一款规定申请证据保全的,可以在举证期限届满前书面提出。因此,选项C的说法正确。《最高人民法院关于适用〈中华人民共和国民事诉讼法〉的解释》第九十八条第二款规定,证据保全可能对他人造成损失的,人民法院应当责令申请人提供相应的担保。因此,选项D的说法正确。

综上,本题正确答案为:A、C、D。

55. 根据民事诉讼法及相关规定,就发明专利侵权提起民事诉讼的,起诉必须符合下列哪些条件?

A. 原告是与本案有直接利害关系的公民、法人和其他组织

B. 有明确的被告

C. 属于人民法院受理民事诉讼的范围和受诉人民法院管辖

D. 有具体的诉讼请求和事实、理由

【答案】ABCD

【知识点】起诉及其条件

【解析】《民事诉讼法》第一百一十九条规定，起诉必须符合下列条件：（一）原告是与本案有直接利害关系的公民、法人和其他组织；（二）有明确的被告；（三）有具体的诉讼请求和事实、理由；（四）属于人民法院受理民事诉讼的范围和受诉人民法院管辖。因此，选项A、B、C、D的说法正确。

综上，本题正确答案为：A、B、C、D。

56. 根据民事诉讼法及相关规定，下列关于保全的哪些说法是正确的？

A. 利害关系人因情况紧急，不立即申请保全将会使其合法权益受到难以弥补的损害的，可以在提起诉讼前向被申请人住所地人民法院申请采取保全措施

B. 利害关系人因情况紧急，不立即申请保全将会使其合法权益受到难以弥补的损害的，可以在提起诉讼前向被保全财产所在地人民法院申请采取保全措施

C. 申请保全有错误的，申请人应当赔偿被申请人因保全所遭受的损失

D. 人民法院可以根据申请采取查封、扣押、冻结等财产保全方法，在保全财产后无需通知被保全财产的人

【答案】ABC

【知识点】诉前保全

【解析】《民事诉讼法》第一百零一条第一款规定，利害关系人因情况紧急，不立即申请保全将会使其合法权益受到难以弥补的损害的，可以在提起诉讼或者申请仲裁前向被保全财产所在地、被申请人住所地或者对案件有管辖权的人民法院申请采取保全措施。申请人应当提供担保，不提供担保的，裁定驳回申请。因此，选项A、B的说法正确。《民事诉讼法》第一百零五条规定，申请有错误的，申请人应当赔偿被申请人因保全所遭受的损失。因此，选项C的说法正确。《民事诉讼法》第一百零三条规定，财产保全采取查封、扣押、冻结或者法律规定的其他方法。人民法院保全财产后，应当立即通知被保全财产的人。选项D中所述的"在保全财产后无需通知被保全财产的人"是错误的。

综上，本题正确答案为：A、B、C。

57. 根据民事诉讼法及相关规定，下列关于民事诉讼第一审普通程序的哪些说法是正确的？

A. 人民法院审理民事案件，一律应当公开进行

B. 人民法院审理民事案件，一律公开宣告判决

C. 人民法院审理民事案件，应当在开庭三日前通知当事人和其他诉讼参与人

D. 人民法院审理民事案件，根据需要进行巡回审理、就地办案

【答案】BCD

【知识点】开庭审理

【解析】《民事诉讼法》第一百三十四条第一款规定，人民法院审理民事案件，除涉及国家秘密、个人隐私或者法律另有规定的以外，应当公开进行。因此，选项A的说法错误。《民事诉讼法》第一百四十八条第一款规定，人民法院对公开审理或者不公开审理的案件，一律公开宣告判决。因此，选项B的说法正确。《民事诉讼法》第一百三十六条规定，人民法院审理民事案件，应当在开庭三日前通知当事人和其他诉讼参与人。公开审理的，应当公告当事人的姓名、案由和开庭的时间、地点。因此，选项C的说法正确。《民事诉讼法》第一百三十五条规定，人民法院审理民事案件，根据需要进行巡回审理、就地办案。因此，选项D的说法正确。

综上，本题正确答案为：B、C、D。

58. 张某起诉王某违约并要求继续履行合同、支付迟延履行违约金，经县市两级人民法院审理均胜诉。王某以生效的二审判决适用法律错误为由申请再审。根据民事诉讼法及相关规定，下列哪些说法是正确的？

　　A. 省高级人民法院按照审判监督程序提审的，按照第二审程序审理

　　B. 省高级人民法院交原审人民法院再审的，原审人民法院应当按照第一审程序审理

　　C. 省高级人民法院决定再审的，裁定中止原判决的执行

　　D. 省高级人民法院驳回再审申请的，王某可以向人民检察院申请抗诉

【答案】ACD

【知识点】审判监督程序

【解析】《民事诉讼法》第二百零四条第二款规定，因当事人申请裁定再审的案件由中级人民法院以上的人民法院审理，但当事人依照该法第一百九十九条的规定选择向基层人民法院申请再审的除外。最高人民法院、高级人民法院裁定再审的案件，由本院再审或者交其他人民法院再审，也可以交原审人民法院再审。《民事诉讼法》第二百零七条第一款规定，人民法院按照审判监督程序再审的案件，发生法律效力的判决、裁定是由第一审法院作出的，按照第一审程序审理，所作的判决、裁定，当事人可以上诉；发生法律效力的判决、裁定是由第二审法院作出的，按照第二审程序审理，所作的判决、裁定，是发生法律效力的判决、裁定；上级人民法院按照审判监督程序提审的，按照第二审程序审理，所作的判决、裁定是发生法律效力的判决、裁定。可见，省高级人民法院可以按照审判监督程序提审的，按照第二审程序审理，选项A的说法正确。同时，省高级人民法院可以交原审人民法院再审，由于发生法律效力的判决、裁定是由第二审法院作出的，原审人民法院应当按照第二审程序审理，选项B的说法错误。《民事诉讼法》第二百零六条规定，按照审判监督程序决定再审的案件，裁定中止原判决、裁定、调解书的执行，但追索赡养费、抚养费、抚育费、抚恤金、医疗费用、劳动报酬等案件，可以不中止执行。因此，选项C的说法正确。《民事诉讼法》

第二百零九条第一款规定,有下列情形之一的,当事人可以向人民检察院申请检察建议或者抗诉:(一)人民法院驳回再审申请的;(二)人民法院逾期未对再审申请作出裁定的;(三)再审判决、裁定有明显错误的。可见,省高级人民法院作出的再审判决有明显错误的,王某可以向人民检察院申请检察建议或者抗诉,选项D的说法正确。

综上,本题正确答案为:A、C、D。

59. 根据民事诉讼法及相关规定,下列关于执行程序的哪些说法是正确的?

　　A. 发生法律效力的民事判决,由第一审人民法院或者与第一审人民法院同级的被执行的财产所在地人民法院执行

　　B. 人民法院自收到申请执行书之日起超过6个月未执行的,申请执行人可以向上一级人民法院申请执行

　　C. 双方当事人在执行中自行和解达成协议的,执行员应当将协议内容记入笔录,由双方当事人签名或者盖章

　　D. 据以执行的法律文书被撤销的,人民法院裁定终结执行

【答案】A B C D

【知识点】执行程序

【解析】《民事诉讼法》第二百二十四条第一款规定,发生法律效力的民事判决、裁定,以及刑事判决、裁定中的财产部分,由第一审人民法院或者与第一审人民法院同级的被执行的财产所在地人民法院执行。因此,选项A的说法正确。《民事诉讼法》第二百二十六条规定,人民法院自收到申请执行书之日起超过6个月未执行的,申请执行人可以向上一级人民法院申请执行。上一级人民法院经审查,可以责令原人民法院在一定期限内执行,也可以决定由本院执行或者指令其他人民法院执行。因此,选项B的说法正确。《民事诉讼法》第二百三十条规定,在执行中,双方当事人自行达成和解协议的,执行员应当将协议内容记入笔录,由双方当事人签名或者盖章。因此,选项C的说法正确。《民事诉讼法》第二百五十七条规定,有下列情形之一的,人民法院裁定终结执行:(一)申请人撤销申请的;(二)据以执行的法律文书被撤销的;(三)作为被执行人的公民死亡,无遗产可供执行,又无义务承担人的;(四)追索赡养费、抚养费、抚育费的权利人死亡的;(五)作为被执行人的公民因生活困难无力偿还借款,无收入来源,又丧失劳动能力的;(六)人民法院认为应当终结执行的其他情形。选项D符合上述第(二)项规定,选项D的说法正确。

综上,本题正确答案为:A、B、C、D。

60. 根据行政复议法及相关规定,公民、法人或者其他组织认为行政机关的具体行政行为所依据的下列哪些规定不合法,在对具体行政行为申请行政复议时,可以一并向行政复议机关提出对该规定的审查申请?

　　A. 国务院部、委员会规章

　　B. 地方人民政府规章

C. 县级以上地方各级人民政府及其工作部门的规定

D. 乡、镇人民政府的规定

【答案】CD

【知识点】行政复议的受案范围

【解析】《行政复议法》第七条规定，公民、法人或者其他组织认为行政机关的具体行政行为所依据的下列规定不合法，在对具体行政行为申请行政复议时，可以一并向行政复议机关提出对该规定的审查申请：（一）国务院部门的规定；（二）县级以上地方各级人民政府及其工作部门的规定；（三）乡、镇人民政府的规定。前款所列规定不含国务院部、委员会规章和地方人民政府规章。规章的审查依照法律、行政法规办理。因此，选项C、D的说法正确，选项A、B的说法错误。

综上，本题正确答案为：C、D。

61. 某个体工商户认为行政机关侵犯其合法的经营自主权，欲提起行政复议。根据行政复议法及相关规定，下列哪些说法是正确的？

A. 该个体工商户可以在法定期限内口头申请

B. 该个体工商户可以在任意时间书面申请，不受任何期限限制

C. 行政复议机关受理行政复议申请，不得向该个体工商户收取任何费用

D. 行政复议机关受理行政复议申请，应当向该个体工商户收取复议请求费

【答案】AC

【知识点】行政复议的申请与受理

【解析】《行政复议法》第十一条规定，申请人申请行政复议，可以书面申请，也可以口头申请；口头申请的，行政复议机关应当当场记录申请人的基本情况、行政复议请求、申请行政复议的主要事实、理由和时间。因此，选项A的说法正确。《行政复议法》第九条规定，公民、法人或者其他组织认为具体行政行为侵犯其合法权益的，可以自知道该具体行政行为之日起60日内提出行政复议申请；但是法律规定的申请期限超过60日的除外。因不可抗力或者其他正当理由耽误法定申请期限的，申请期限自障碍消除之日起继续计算。因此，行政复议不能随时提出，需要在法定期限内提出，选项B的说法错误。《行政复议法》第三十九条规定，行政复议机关受理行政复议申请，不得向申请人收取任何费用。……因此，选项C的说法正确，选项D的说法错误。

综上，本题正确答案为：A、C。

62. 商务部针对甲公司收购乙公司达到经营者集中申报标准而未进行申报的情况作出行政处罚决定书，对甲公司处以20万元罚款。根据行政复议法及相关规定，甲公司可以通过下列哪些途径寻求救济？

A. 向商务部申请行政复议

B. 向国务院申请行政复议

C. 依法申请行政复议后，对复议决定不服的，可以向人民法院起诉

D. 依法申请行政复议后，对复议决定不服的，可以向国务院申请最终裁决

【答案】ACD

【知识点】行政复议的受理机关

【解析】《行政复议法》第十四条规定，对国务院部门或者省、自治区、直辖市人民政府的具体行政行为不服的，向作出该具体行政行为的国务院部门或者省、自治区、直辖市人民政府申请行政复议。对行政复议决定不服的，可以向人民法院提起行政诉讼；也可以向国务院申请裁决，国务院依照该法的规定作出最终裁决。因此，对国务院部门的具体行政行为不服的，向作出该具体行政行为的国务院部门申请行政复议，选项A的说法正确，选项B的说法错误。对行政复议决定不服的，可以向人民法院提起行政诉讼；也可以向国务院申请裁决，国务院作出最终裁决，因此，选项C、D的说法正确。

综上所述，本题正确答案为：A、C、D。

63. 根据行政复议法及相关规定，下列哪些说法是正确的？

A. 在行政复议过程中，被申请人不得自行向申请人收集证据

B. 在行政复议过程中，被申请人可以自行向有关组织或者个人收集证据

C. 申请人不得撤回行政复议申请

D. 申请人可以在行政复议决定作出前要求撤回行政复议申请

【答案】AD

【知识点】行政复议的审理

【解析】《行政复议法》第二十四条规定，在行政复议过程中，被申请人不得自行向申请人和其他有关组织或者个人收集证据。因此，选项A的说法正确，选项B的说法错误。《行政复议法》第二十五条规定，行政复议决定作出前，申请人要求撤回行政复议申请的，经说明理由，可以撤回；撤回行政复议申请的，行政复议终止。因此，选项C的说法错误，选项D的说法正确。

综上，本题正确答案为：A、D。

64. 根据行政复议法及相关规定，下列关于行政复议决定的哪些说法是正确的？

A. 具体行政行为认定事实清楚，证据确凿，适用依据正确，程序合法，内容适当的，决定维持该具体行政行为

B. 被申请人不履行法定职责的，决定其在一定期限内履行

C. 主要事实不清、证据不足的，决定撤销、变更或者确认该具体行政行为违法

D. 具体行政行为明显不当的，决定撤销、变更或者确认该具体行政行为违法

【答案】ABCD

【知识点】行政复议决定的种类和效力

【解析】《行政复议法》第二十八条第一款规定，行政复议机关负责法制工作的机构应当

对被申请人作出的具体行政行为进行审查，提出意见，经行政复议机关的负责人同意或者集体讨论通过后，按照下列规定作出行政复议决定：（一）具体行政行为认定事实清楚，证据确凿，适用依据正确，程序合法，内容适当的，决定维持；（二）被申请人不履行法定职责的，决定其在一定期限内履行；（三）具体行政行为有下列情形之一的，决定撤销、变更或者确认该具体行政行为违法；决定撤销或者确认该具体行政行为违法的，可以责令被申请人在一定期限内重新作出具体行政行为：1. 主要事实不清、证据不足的；2. 适用依据错误的；3. 违反法定程序的；4. 超越或者滥用职权的；5. 具体行政行为明显不当的。（四）被申请人不按照该法第二十三条的规定提出书面答复、提交当初作出具体行政行为的证据、依据和其他有关材料的，视为该具体行政行为没有证据、依据，决定撤销该具体行政行为。因此，选项A、B、C、D的说法正确。

综上，本题正确答案为：A、B、C、D。

65. 根据行政复议法及相关规定，下列哪些说法是正确的？

   A. 公民、法人或者其他组织对行政机关行使法律法规规定的自由裁量权作出的具体行政行为不服申请行政复议的，行政复议机关可以进行调解

   B. 当事人之间的行政赔偿纠纷，行政复议机关不得进行调解

   C. 当事人之间的行政补偿纠纷，行政复议机关不得进行调解

   D. 行政复议机关在申请人的行政复议请求范围内，不得作出对申请人更为不利的行政复议决定

【答案】A D

【知识点】行政复议决定

【解析】《行政复议法实施条例》第五十条第一款规定，有下列情形之一的，行政复议机关可以按照自愿、合法的原则进行调解：（一）公民、法人或者其他组织对行政机关行使法律、法规规定的自由裁量权作出的具体行政行为不服申请行政复议的；（二）当事人之间的行政赔偿或者行政补偿纠纷。因此，公民、法人或者其他组织对行政机关行使法律法规规定的自由裁量权作出的具体行政行为不服申请行政复议的，行政复议机关可以进行调解，选项A的说法正确。同时，当事人之间的行政赔偿或者行政补偿纠纷，行政复议机关可以按照自愿、合法的原则进行调解，选项B、C的说法错误。《行政复议法实施条例》第五十一条规定，行政复议机关在申请人的行政复议请求范围内，不得作出对申请人更为不利的行政复议决定。因此，选项D的说法正确。

综上，本题正确答案为：A、D。

66. 根据行政诉讼法及相关规定，人民法院受理公民、法人或者其他组织提起的下列哪些行政诉讼？

   A. 对行政机关作出的行政机关工作人员任免决定不服的

   B. 对征收、征用决定及其补偿决定不服的

C. 认为行政机关侵犯其经营自主权的

D. 认为行政机关滥用权力排除或者限制竞争的

【答案】BCD

【知识点】行政诉讼的受案范围

【解析】《行政诉讼法》第十二条规定，人民法院受理公民、法人和其他组织提起的下列诉讼：……（五）对征收、征用决定及其补偿决定不服的；……（七）认为行政机关侵犯其经营自主权或者农村土地承包经营权、农村土地经营权的；（八）认为行政机关滥用权力排除或者限制竞争的；……根据上述第一款第（五）项、第（七）项、第（八）项的规定，选项B、C、D的说法正确。《行政诉讼法》第十三条规定，人民法院不受理公民、法人或者其他组织对下列事项提起的诉讼：（一）国防、外交等国家行为；（二）行政法规、规章或者行政机关制定、发布的具有普遍约束力的决定、命令；（三）行政机关对行政机关工作人员的奖惩、任免等决定；（四）法律规定由行政机关最终裁决的行政行为。根据上述第（三）项的规定，选项A的说法错误。

综上，本题正确答案为：B、C、D。

67. 根据行政诉讼法及相关规定，下列关于行政诉讼管辖的哪些说法是正确的？

A. 两个以上人民法院都有管辖权的案件，原告可以选择其中一个人民法院提起诉讼

B. 原告向两个以上有管辖权的人民法院提起诉讼的，由最先收到起诉状的人民法院管辖

C. 人民法院发现受理的案件不属于本院管辖的，应当移送有管辖权的人民法院，受移送的人民法院应当受理

D. 有管辖权的人民法院由于特殊原因不能行使管辖权的，由上级人民法院指定管辖

【答案】ACD

【知识点】行政诉讼的共同管辖、移送管辖

【解析】《行政诉讼法》第二十一条规定，两个以上人民法院都有管辖权的案件，原告可以选择其中一个人民法院提起诉讼。原告向两个以上有管辖权的人民法院提起诉讼的，由最先立案的人民法院管辖。因此，选项A的说法正确，选项B的说法错误。《行政诉讼法》第二十二条规定，人民法院发现受理的案件不属于本院管辖的，应当移送有管辖权的人民法院，受移送的人民法院应当受理。受移送的人民法院认为受移送的案件按照规定不属于本院管辖的，应当报请上级人民法院指定管辖，不得再自行移送。因此，选项C的说法正确。《行政诉讼法》第二十三条第一款规定，有管辖权的人民法院由于特殊原因不能行使管辖权的，由上级人民法院指定管辖。因此，选项D的说法正确。

综上，本题正确答案为：A、C、D。

68. 根据行政诉讼法及相关规定，下列关于行政诉讼参加人的哪些说法是正确的？

A. 公民、法人或者其他组织同被诉行政行为有利害关系但没有提起诉讼，不得作为第三人申请参加诉讼

B. 公民、法人或者其他组织同案件处理结果有利害关系的，可以由人民法院通知参加诉讼

C. 人民法院判决第三人承担义务的，第三人有权依法提起上诉

D. 人民法院判决减损第三人权益的，第三人有权依法提起上诉

【答案】BCD

【知识点】行政诉讼第三人

【解析】《行政诉讼法》第二十九条第一款规定，公民、法人或者其他组织同被诉行政行为有利害关系但没有提起诉讼，或者同案件处理结果有利害关系的，可以作为第三人申请参加诉讼，或者由人民法院通知参加诉讼。因此，选项A的说法错误，选项B的说法正确。《行政诉讼法》第二十九条第二款规定，人民法院判决第三人承担义务或者减损第三人权益的，第三人有权依法提起上诉。因此，选项C、D的说法正确。

综上，本题正确答案为：B、C、D。

69. 根据行政诉讼法及相关规定，下列哪些说法是正确的？

　　A. 行政诉讼被告对作出的行政行为负有举证责任，应当提供作出该行政行为的证据和所依据的规范性文件

　　B. 行政诉讼被告无正当理由不提供证据的，人民法院应当依职权调查收集相应证据

　　C. 原告在行政诉讼中提出了其在行政处理程序中没有提出的证据的，经人民法院准许，被告可以补充证据

　　D. 原告可以提供证明行政行为违法的证据，原告提供的证据不成立的，不免除被告的举证责任

【答案】ACD

【知识点】行政诉讼的证据

【解析】《行政诉讼法》第三十四条第一款规定，被告对作出的行政行为负有举证责任，应当提供作出该行政行为的证据和所依据的规范性文件。因此，选项A的说法正确。《行政诉讼法》第三十四条第二款规定，被告不提供或者无正当理由逾期提供证据，视为没有提供相应证据。但是，被诉行政行为涉及第三人合法权益，第三人提供证据的除外。因此，选项B的说法错误。《行政诉讼法》第三十六条第二款规定，原告或者第三人提出了其在行政处理程序中没有提出的理由或者证据的，经人民法院准许，被告可以补充证据。因此，选项C的说法正确。《行政诉讼法》第三十七条规定，原告可以提供证明行政行为违法的证据。原告提供的证据不成立的，不免除被告的举证责任。因此，选项D的说法正确。

综上，本题正确答案为：A、C、D。

70. 根据行政诉讼法及相关规定，下列哪些属于人民法院审理行政案件的依据？

　　A. 法律

　　B. 行政法规

C. 地方人民政府规章

D. 国务院部、委员会规章

【答案】AB

【知识点】审理行政案件的依据

【解析】《行政诉讼法》第六十三条第一款规定，人民法院审理行政案件，以法律和行政法规、地方性法规为依据。地方性法规适用于本行政区域内发生的行政案件。因此，选项A、B的说法正确。《行政诉讼法》第六十三条第三款规定，人民法院审理行政案件，参照规章。因此，选项C、D的说法错误。

综上，本题正确答案为：A、B。

71. 根据行政诉讼法及相关规定，下列关于行政诉讼第一审普通程序的哪些说法是正确的？

　　A. 行政行为证据确凿，适用法律、法规正确，符合法定程序的，人民法院判决驳回原告的诉讼请求

　　B. 行政行为证据确凿，适用法律、法规正确，符合法定程序的，人民法院判决维持行政行为

　　C. 原告申请被告履行法定职责或者给付义务理由不成立的，人民法院判决驳回原告的诉讼请求

　　D. 行政行为违反法定程序的，人民法院判决撤销或者部分撤销，并可以判决被告重新作出行政行为

【答案】ACD

【知识点】第一审判决和裁定

【解析】《行政诉讼法》第六十九条规定，行政行为证据确凿，适用法律、法规正确，符合法定程序的，或者原告申请被告履行法定职责或者给付义务理由不成立的，人民法院判决驳回原告的诉讼请求。因此，选项A的说法正确，选项B的说法错误，选项C的说法正确。《行政诉讼法》第七十条规定，行政行为有下列情形之一的，人民法院判决撤销或者部分撤销，并可以判决被告重新作出行政行为：（一）主要证据不足的；（二）适用法律、法规错误的；（三）违反法定程序的；（四）超越职权的；（五）滥用职权的；（六）明显不当的。根据上述第（三）项的规定，选项D的说法正确。

综上，本题正确答案为：A、C、D。

72. 根据行政诉讼法及相关规定，下列关于行政诉讼第二审程序的哪些说法是正确的？

　　A. 当事人不服人民法院第一审行政判决的，有权在判决书送达之日起15日内向上一级人民法院提起上诉

　　B. 人民法院对行政上诉案件，一律应当开庭审理

　　C. 人民法院审理上诉案件，应当对原审人民法院的判决、裁定和被诉行政行为进行全面审查

D. 原审人民法院对发回重审的案件作出判决后，当事人提起上诉的，第二审人民法院仍然可以再次发回重审

【答案】A C

【知识点】第二审程序

【解析】《行政诉讼法》第八十五条规定，当事人不服人民法院第一审判决的，有权在判决书送达之日起15日内向上一级人民法院提起上诉。当事人不服人民法院第一审裁定的，有权在裁定送达之日起10日内向上一级人民法院提起上诉。逾期不提起上诉的，人民法院的第一审判决或者裁定发生法律效力。因此，选项A的说法正确。《行政诉讼法》第八十六条规定，人民法院对上诉案件，应当组成合议庭，开庭审理。经过阅卷、调查和询问当事人，对没有提出新的事实、证据或者理由，合议庭认为不需要开庭审理的，也可以不开庭审理。因此，人民法院对行政上诉案件，并非一律应当开庭审理。选项B的说法错误。《行政诉讼法》第八十七条规定，人民法院审理上诉案件，应当对原审人民法院的判决、裁定和被诉行政行为进行全面审查。因此，选项C的说法正确。《行政诉讼法》第八十九条第二款规定，原审人民法院对发回重审的案件作出判决后，当事人提起上诉的，第二审人民法院不得再次发回重审。因此，选项D的说法错误。

综上，本题正确答案为：A、C。

73. 根据行政诉讼法及相关规定，下列关于审判监督程序的哪些说法是正确的？

A. 当事人对已经发生法律效力的判决，认为确有错误的，可以向上一级人民法院申请再审

B. 原判决遗漏诉讼请求，当事人提出再审申请的，人民法院应当再审

C. 据以作出原判决的法律文书被撤销，当事人提出再审申请的，人民法院应当再审

D. 上级人民检察院发现下级人民法院已经发生法律效力的判决遗漏诉讼请求的，应当提出抗诉

【答案】A B C D

【知识点】审判监督程序的提起

【解析】《行政诉讼法》第九十条规定，当事人对已经发生法律效力的判决、裁定，认为确有错误的，可以向上一级人民法院申请再审，但判决、裁定不停止执行。因此，选项A的说法正确。《行政诉讼法》第九十一条规定，当事人的申请符合下列情形之一的，人民法院应当再审：（一）不予立案或者驳回起诉确有错误的；（二）有新的证据，足以推翻原判决、裁定的；（三）原判决、裁定认定事实的主要证据不足、未经质证或者系伪造的；（四）原判决、裁定适用法律、法规确有错误的；（五）违反法律规定的诉讼程序，可能影响公正审判的；（六）原判决、裁定遗漏诉讼请求的；（七）据以作出原判决、裁定的法律文书被撤销或者变更的；（八）审判人员在审理该案件时有贪污受贿、徇私舞弊、枉法裁判行为的。选项B、C分别符合上述第（六）项、第（七）项的规定，选项B、C的说法正确。《行政诉讼法》第九十三条第一款规定，最高人民检察院对各级人民法院已经发生法律效力的判

决、裁定，上级人民检察院对下级人民法院已经发生法律效力的判决、裁定，发现有该法第九十一条规定情形之一，或者发现调解书损害国家利益、社会公共利益的，应当提出抗诉。因此，选项D的说法正确。

综上，本题正确答案为：A、B、C、D。

74.《专利代理人的成长历程》是由李某编剧、张某导演的一部电影，制片者为甲公司，音乐人周某创作了可以单独使用的电影音乐。根据著作权法及相关规定，下列哪些说法是正确的？
　　A. 甲公司是该电影的著作权人
　　B. 张某是该电影的著作权人
　　C. 李某享有署名权，并有权按照与甲公司签订的合同获得报酬
　　D. 周某有权单独行使电影音乐的著作权

【答案】A C D

【知识点】影视作品的著作权人

【解析】《著作权法》第十五条第一款规定，电影作品和以类似摄制电影的方法创作的作品的著作权由制片者享有，但编剧、导演、摄影、作词、作曲等作者享有署名权，并有权按照与制片者签订的合同获得报酬。可见，制片者甲公司是该电影的著作权人，导演张某不是该电影的著作权人。选项A的说法正确，选项B的说法错误。同时，编剧等作者享有署名权，并有权按照与制片者签订的合同获得报酬，因此，选项C的说法正确。《著作权法》第十五条第二款规定，电影作品和以类似摄制电影的方法创作的作品的剧本、音乐等可以单独使用的作品的作者有权单独行使其著作权。因此，选项D的说法正确。

综上，本题正确答案为：A、C、D。

75. 根据著作权法及其相关规定，展览权包括哪些内容？
　　A. 公开陈列美术作品的原件的权利
　　B. 公开陈列摄影作品的原件的权利
　　C. 公开陈列美术作品的复印件的权利
　　D. 公开播放电影作品的复印件的权利

【答案】A B C

【知识点】著作人身权和财产权

【解析】《著作权法》第十条第一款规定，著作权包括下列人身权和财产权：……（八）展览权，即公开陈列美术作品、摄影作品的原件或者复制件的权利；……可见，展览权包括公开陈列美术作品、摄影作品的原件或者复制件的权利，不包括公开播放电影作品的复印件的权利。因此，选项A、B、C的说法正确，选项D的说法错误。

综上，本题正确答案为：A、B、C。

76. 根据著作权法及相关规定，下列关于著作权集体管理组织的哪些说法是正确的？

A. 著作权人可以授权著作权集体管理组织行使著作权

B. 著作权集体管理组织被授权后，可以以自己的名义为与著作权有关的权利人主张权利

C. 著作权集体管理组织可以作为当事人进行涉及著作权的诉讼活动

D. 著作权集体管理组织只能作为诉讼代理人进行涉及与著作权有关的权利的诉讼活动

【答案】ＡＢＣ

【知识点】著作权集体管理组织

【解析】《著作权法》第八条第一款规定，著作权人和与著作权有关的权利人可以授权著作权集体管理组织行使著作权或者与著作权有关的权利。著作权集体管理组织被授权后，可以以自己的名义为著作权人和与著作权有关的权利人主张权利，并可以作为当事人进行涉及著作权或者与著作权有关的权利的诉讼、仲裁活动。因此，选项Ａ、Ｂ、Ｃ的说法正确，选项Ｄ的说法错误。

综上，本题正确答案为：Ａ、Ｂ、Ｃ。

77. 根据著作权法及相关规定，著作权许可使用合同包括下列哪些内容？

A. 许可使用的权利种类

B. 许可使用的权利是专有使用权或者非专有使用权

C. 许可使用的地域范围、期间

D. 付酬标准和办法

【答案】ＡＢＣＤ

【知识点】许可使用合同的主要内容

【解析】《著作权法》第二十四条第二款规定，许可使用合同包括下列主要内容：（一）许可使用的权利种类；（二）许可使用的权利是专有使用权或者非专有使用权；（三）许可使用的地域范围、期间；（四）付酬标准和办法；（五）违约责任；（六）双方认为需要约定的其他内容。可见，选项Ａ、Ｂ、Ｃ、Ｄ分别属于上述第（一）项、第（二）项、第（三）项、第（四）项的内容，选项Ａ、Ｂ、Ｃ、Ｄ的说法正确。

综上，本题正确答案为：Ａ、Ｂ、Ｃ、Ｄ。

78. 2012年1月1日，张某、韩某共同构思一部小说《波涛汹涌的专利战》。2014年6月1日，张某、韩某共同创作完成该小说。韩某于2016年7月1日去世，张某于2017年10月1日去世。根据著作权法及相关规定，以下说法正确的是？

A. 该作品著作权自2012年1月1日起产生

B. 该作品著作权自2014年6月1日起产生

C. 该作品复制权的保护期截止到2067年10月1日

D. 该作品复制权的保护期截止到2067年12月31日

【答案】ＢＤ

【知识点】著作权的保护期

【解析】《著作权法实施条例》第六条规定，著作权自作品创作完成之日起产生。因此，该作品著作权自作品创作完成的2014年6月1日起产生，而非自作品构思的2012年1月1日起产生，选项A的说法错误，选项B的说法正确。《著作权法》第二十一条第一款规定，公民的作品，其发表权、该法第十条第一款第（五）项至第（十七）项规定的权利的保护期为作者终生及其死亡后50年，截止于作者死亡后第50年的12月31日；如果是合作作品，截止于最后死亡的作者死亡后第50年的12月31日。复制权属于《著作权法》第十条第一款第（五）项至第（十七）项规定的权利。因此，张某、韩某共同创作完成的小说《波涛汹涌的专利战》是合作作品，保护期截止于最后死亡的作者死亡后第50年的12月31日，即该作品复制权的保护期截止到2067年12月31日。因此，选项C的说法错误，选项D的说法正确。

综上，本题正确答案为：B、D。

79. 甲公司设计师张某为完成该公司的工作任务，主要利用该公司的物质技术条件创作了产品设计图，并由该公司承担责任。根据著作权法及相关规定，下列哪些说法是正确的？

A. 张某享有该产品设计图的复制权
B. 甲公司享有该产品设计图的复制权
C. 张某享有该产品设计图的署名权
D. 甲公司享有该产品设计图的署名权

【答案】BC
【知识点】职务作品
【解析】《著作权法》第十六条第一款规定，公民为完成法人或者其他组织工作任务所创作的作品是职务作品，除该条第二款的规定以外，著作权由作者享有，但法人或者其他组织有权在其业务范围内优先使用。作品完成两年内，未经单位同意，作者不得许可第三人以与单位使用的相同方式使用该作品。《著作权法》第十六条第二款规定，有下列情形之一的职务作品，作者享有署名权，著作权的其他权利由法人或者其他组织享有，法人或者其他组织可以给予作者奖励：（一）主要利用法人或者其他组织的物质技术条件创作，并由法人或者其他组织承担责任的工程设计图、产品设计图、地图、计算机软件等职务作品；（二）法律、行政法规规定或者合同约定著作权由法人或者其他组织享有的职务作品。可见，设计师张某为完成甲公司的工作任务创作的产品设计图属于职务作品。同时，该职务作品主要利用该公司的物质技术条件创作，并由该公司承担责任，符合《著作权法》第十六条第二款第（一）项规定的情形，作者享有署名权，复制权等著作权的其他权利由法人或者其他组织享有。因此，选项B、C的说法正确。

综上，本题正确答案为：B、C。

80. 根据著作权法及相关规定，下列有关著作权及其相关权利的保护的哪些说法是正确的？

A. 剽窃他人作品的，应当根据情况承担停止侵害、消除影响、赔礼道歉、赔偿损失等民

事责任

  B. 出版他人享有专有出版权的图书损害公共利益的，可以由著作权行政管理部门责令停止侵权行为，并可以处以罚款

  C. 著作权人有证据证明他人即将实施侵犯其权利的行为，如不及时制止将会使其合法权益受到难以弥补的损害的，可以在起诉前向人民法院申请采取责令停止有关行为和财产保全的措施

  D. 为制止侵权行为，在证据可能灭失的情况下，著作权人可以在起诉前向人民法院申请保全证据

【答案】A B C D

【知识点】侵犯著作权及其相关权利的行为、侵权纠纷的解决途径

【解析】《著作权法》第四十七条规定，有下列侵权行为的，应当根据情况，承担停止侵害、消除影响、赔礼道歉、赔偿损失等民事责任：……（五）剽窃他人作品的；……根据上述第（五）项的规定，选项A的说法正确。《著作权法》第四十八条规定，有下列侵权行为的，应当根据情况，承担停止侵害、消除影响、赔礼道歉、赔偿损失等民事责任；同时损害公共利益的，可以由著作权行政管理部门责令停止侵权行为，没收违法所得，没收、销毁侵权复制品，并可处以罚款；情节严重的，著作权行政管理部门还可以没收主要用于制作侵权复制品的材料、工具、设备等；构成犯罪的，依法追究刑事责任：……（二）出版他人享有专有出版权的图书的；……根据上述第（二）项的规定，选项B的说法正确。《著作权法》第五十条第一款规定，著作权人或者与著作权有关的权利人有证据证明他人正在实施或者即将实施侵犯其权利的行为，如不及时制止将会使其合法权益受到难以弥补的损害的，可以在起诉前向人民法院申请采取责令停止有关行为和财产保全的措施。因此，选项C的说法正确。《著作权法》第五十一条第一款规定，为制止侵权行为，在证据可能灭失或者以后难以取得的情况下，著作权人或者与著作权有关的权利人可以在起诉前向人民法院申请保全证据。因此，选项D的说法正确。

综上，本题正确答案为：A、B、C、D。

81. 根据计算机软件保护条例的规定，软件著作权人享有下列哪些权利？

  A. 发表权

  B. 署名权

  C. 修改权

  D. 信息网络传播权

【答案】A B C D

【知识点】软件著作权的内容

【解析】《计算机软件保护条例》第八条规定，软件著作权人享有下列各项权利：（一）发表权，即决定软件是否公之于众的权利；（二）署名权，即表明开发者身份，在软件上署名的权利；（三）修改权，即对软件进行增补、删节，或者改变指令、语句顺序的权利；

(四)复制权,即将软件制作一份或者多份的权利;(五)发行权,即以出售或者赠与方式向公众提供软件的原件或者复制件的权利;(六)出租权,即即有偿许可他人临时使用软件的权利,但是软件不是出租的主要标的的除外;(七)信息网络传播权,即以有线或者无线方式向公众提供软件,使公众可以在其个人选定的时间和地点获得软件的权利;(八)翻译权,即将原软件从一种自然语言文字转换成另一种自然语言文字的权利;(九)应当由软件著作权人享有的其他权利。可知,软件著作权包括发表权、署名权、修改权、信息网络传播权,但是不包括保持作品完整权。因此,选项A、B、C、D的说法正确。

综上,本题正确答案为:A、B、C、D。

82. 根据商标法及相关规定,下列哪些说法是正确的?
   A. 申请注册的商标,同他人在类似商品上已经注册的商标近似的,商标局可以予以核准注册
   B. 申请注册的商标,同他人在同一种商品上已经注册的商标近似的,由商标局驳回申请,不予公告
   C. 两个商标注册申请人在类似商品上以相同的商标申请注册的,初步审定并公告申请在先的商标
   D. 申请商标注册时,不得以不正当手段抢先注册他人已经使用并有一定影响的商标

【答案】BCD

【知识点】商标注册的审查和核准

【解析】《商标法》第三十条规定,申请注册的商标,凡不符合该法有关规定或者同他人在同一种商品或者类似商品上已经注册的或者初步审定的商标相同或者近似的,由商标局驳回申请,不予公告。因此,选项A的说法错误,选项B的说法正确。《商标法》第三十一条规定,两个或者两个以上的商标注册申请人,在同一种商品或者类似商品上,以相同或者近似的商标申请注册的,初步审定并公告申请在先的商标;同一天申请的,初步审定并公告使用在先的商标,驳回其他人的申请,不予公告。因此,选项C的说法正确。《商标法》第三十二条规定,申请商标注册不得损害他人现有的在先权利,也不得以不正当手段抢先注册他人已经使用并有一定影响的商标。因此,选项D的说法正确。

综上,本题正确答案为:B、C、D。

83. 根据商标法及相关规定,下列关于注册商标使用许可的哪些说法是正确的?
   A. 商标注册人甲公司可以通过签订商标使用许可合同,许可乙公司使用其注册商标
   B. 甲公司许可乙公司使用其注册商标的,甲公司应当将其商标使用许可报商标局备案
   C. 甲公司许可乙公司使用其注册商标的,乙公司应当将该商标使用许可报商标局备案
   D. 乙公司经许可使用甲公司注册商标的,必须在使用该注册商标的商品上标明被许可人的名称和商品产地

【答案】ABD

【知识点】注册商标的使用许可

【解析】《商标法》第四十三条第一款和第二款规定，商标注册人可以通过签订商标使用许可合同，许可他人使用其注册商标。许可人应当监督被许可人使用其注册商标的商品质量。被许可人应当保证使用该注册商标的商品质量。经许可使用他人注册商标的，必须在使用该注册商标的商品上标明被许可人的名称和商品产地。因此，选项A、D的说法正确。《商标法》第四十三条第三款规定，许可他人使用其注册商标的，许可人应当将其商标使用许可报商标局备案，由商标局公告。商标使用许可未经备案不得对抗善意第三人。因此，选项B的说法正确，选项C的说法错误。

综上，本题正确答案为：A、B、D。

84. 根据商标法及相关规定，下列哪些情形可以由商标局宣告该注册商标无效？

　　A. 周某以欺骗手段取得商标注册
　　B. 李某的注册商标仅有本商品的通用名称
　　C. 王某的注册商标仅直接表示商品的质量
　　D. 丁某的注册商标仅直接表示商品的主要原料

【答案】A B C D

【知识点】商标局依职权宣告注册商标无效

【解析】《商标法》第四十四条第一款规定，违反该法第十条、第十一条、第十二条规定的，或者是以欺骗手段或者其他不正当手段取得注册的，由商标局宣告该注册商标无效；其他单位或者个人可以请求商标评审委员会宣告该注册商标无效。《商标法》第十一条规定，下列标志不得作为商标注册：（一）仅有本商品的通用名称、图形、型号的；（二）仅直接表示商品的质量、主要原料、功能、用途、重量、数量及其他特点的；（三）其他缺乏显著特征的。因此，选项A、B、C、D的说法正确。

综上，本题正确答案为：A、B、C、D。

85. 根据商标法及相关规定，下列哪些说法是正确的？

　　A. 宣告注册商标无效的决定或者裁定，对宣告无效前人民法院做出并已执行的商标侵权案件的判决不具有追溯力
　　B. 宣告注册商标无效的决定或者裁定，对宣告无效前人民法院做出并已执行的商标侵权案件的调解书具有追溯力
　　C. 宣告注册商标无效的决定或者裁定，对宣告无效前工商行政管理部门做出并已执行的商标侵权案件的处理决定不具有追溯力
　　D. 宣告注册商标无效的决定或者裁定，对宣告无效前已经履行的商标使用许可合同具有追溯力

【答案】A C

【知识点】商标无效的法律效力

【解析】《商标法》第四十七条第二款规定，宣告注册商标无效的决定或者裁定，对宣告无效前人民法院做出并已执行的商标侵权案件的判决、裁定、调解书和工商行政管理部门做出并已执行的商标侵权案件的处理决定以及已经履行的商标转让或者使用许可合同不具有追溯力。……因此，选项A、C的说法正确，选项B、D的说法错误。

综上，本题正确答案为：A、C。

86. 根据商标法及相关规定，下列哪些说法是正确的？
    A. 注册商标被撤销的，自撤销之日起一年内，商标局对与该商标相同的商标注册申请，不予核准
    B. 注册商标被撤销的，自撤销之日起一年内，商标局对与该商标近似的商标注册申请，可以核准
    C. 注册商标期满不再续展的，自注销之日起一年内，商标局对与该商标相同的商标注册申请，不予核准
    D. 注册商标期满不再续展的，自注销之日起一年内，商标局对与该商标近似的商标注册申请，可以核准

【答案】AC
【知识点】商标使用的管理
【解析】《商标法》第五十条规定，注册商标被撤销、被宣告无效或者期满不再续展的，自撤销、宣告无效或者注销之日起一年内，商标局对与该商标相同或者近似的商标注册申请，不予核准。因此，选项A、C说法正确。

综上，本题正确答案为：A、C。

87. 根据商标法及相关规定，下列哪些行为属于侵犯注册商标专用权的行为？
    A. 张某未经商标注册人的许可，在类似商品上使用与其注册商标近似的商标，但不会导致混淆
    B. 王某伪造他人注册商标标识
    C. 李某未经商标注册人同意，更换其注册商标并将该更换商标的商品又投入市场
    D. 赵某故意为侵犯他人商标专用权行为提供便利条件，帮助他人实施侵犯商标专用权行为

【答案】BCD
【知识点】侵犯注册商标专用权的行为
【解析】《商标法》第五十七条规定，有下列行为之一的，均属侵犯注册商标专用权：（一）未经商标注册人的许可，在同一种商品上使用与其注册商标相同的商标的；（二）未经商标注册人的许可，在同一种商品上使用与其注册商标近似的商标，或者在类似商品上使用与其注册商标相同或者近似的商标，容易导致混淆的；（三）销售侵犯注册商标专用权的商品的；（四）伪造、擅自制造他人注册商标标识或者销售伪造、擅自制造的注册商标标识的；

（五）未经商标注册人同意，更换其注册商标并将该更换商标的商品又投入市场的；（六）故意为侵犯他人商标专用权行为提供便利条件，帮助他人实施侵犯商标专用权行为的；（七）给他人的注册商标专用权造成其他损害的。根据上述第（二）项的规定，未经商标注册人的许可，在类似商品上使用与其注册商标相同或者近似的商标，必须容易导致混淆才属于侵犯注册商标专用权，因此，选项A的说法错误。同时，选项B、C、D分别属于上述第（四）项、第（五）项、第（六）项规定的情形，选项B、C、D的说法正确。

综上，本题正确答案为：B、C、D。

88. 根据商标法及相关规定，下列哪些说法是正确的？

　　A. 张某的注册商标含有的本商品的通用名称，张某无权禁止他人正当使用
　　B. 王某的注册商标中含有的本商品的型号，王某无权禁止他人正当使用
　　C. 李某的注册商标中含有的地名，李某无权禁止他人正当使用
　　D. 赵某的三维标志注册商标中含有的商品自身性质产生的形状，赵某无权禁止他人正当使用

【答案】ABCD

【知识点】注册商标专用权的保护

【解析】《商标法》第五十九条第一款规定，注册商标中含有的本商品的通用名称、图形、型号，或者直接表示商品的质量、主要原料、功能、用途、重量、数量及其他特点，或者含有的地名，注册商标专用权人无权禁止他人正当使用。因此，选项A、B、C的说法正确。《商标法》第五十九条第二款规定，三维标志注册商标中含有的商品自身性质产生的形状、为获得技术效果而需有的商品形状或者使商品具有实质性价值的形状，注册商标专用权人无权禁止他人正当使用。因此，选项D的说法正确。

综上，本题正确答案为：A、B、C、D。

89. 根据商标法及相关规定，因侵犯注册商标专用权行为引起纠纷的，可以通过下列哪些途径解决？

　　A. 当事人协商解决
　　B. 商标注册人可以向人民法院起诉
　　C. 利害关系人可以向人民法院起诉
　　D. 利害关系人可以请求工商行政管理部门处理

【答案】ABCD

【知识点】侵权纠纷的解决途径

【解析】《商标法》第六十条第一款规定，有该法第五十七条所列侵犯注册商标专用权行为之一，引起纠纷的，由当事人协商解决；不愿协商或者协商不成的，商标注册人或者利害关系人可以向人民法院起诉，也可以请求工商行政管理部门处理。因此，选项A、B、C、D的说法正确。

综上，本题正确答案为：A、B、C、D。

90. 根据商标法及相关规定，关于侵犯注册商标专用权的赔偿数额，下列哪些说法是正确的？

    A. 按照权利人因被侵权所受到的实际损失确定

    B. 权利人的实际损失难以确定的，可以按照侵权人因侵权所获得的利益确定

    C. 权利人的损失或者侵权人获得的利益难以确定的，参照该商标许可使用费的倍数合理确定

    D. 赔偿数额不应当包括权利人为制止侵权行为所支付的合理开支

【答案】A B C

【知识点】赔偿数额的确定

【解析】《商标法》第六十三条第一款规定，侵犯商标专用权的赔偿数额，按照权利人因被侵权所受到的实际损失确定；实际损失难以确定的，可以按照侵权人因侵权所获得的利益确定；权利人的损失或者侵权人获得的利益难以确定的，参照该商标许可使用费的倍数合理确定。对恶意侵犯商标专用权，情节严重的，可以在按照上述方法确定数额的一倍以上三倍以下确定赔偿数额。赔偿数额应当包括权利人为制止侵权行为所支付的合理开支。因此，选项A、B、C说法正确，选项D的说法错误。

综上，本题正确答案为：A、B、C。

91. 商标注册人张某有证据证明娄某正在实施侵犯其注册商标专用权的行为，如不及时制止将会使其合法权益将受到难以弥补的损害。根据商标法及相关规定，张某可以依法在起诉前向人民法院申请采取下列哪些措施？

    A. 责令娄某停止有关行为

    B. 财产保全

    C. 对娄某进行行政拘留

    D. 对娄某进行行政罚款

【答案】A B

【知识点】诉前的责令停止有关行为、财产保全

【解析】《商标法》第六十五条规定，商标注册人或者利害关系人有证据证明他人正在实施或者即将实施侵犯其注册商标专用权的行为，如不及时制止将会使其合法权益受到难以弥补的损害的，可以依法在起诉前向人民法院申请采取责令停止有关行为和财产保全的措施。因此，选项A、B说法正确。

综上，本题正确答案为：A、B。

92. 根据反不正当竞争法及相关规定，经营者的下列哪些行为属于不正当竞争行为？

    A. 擅自使用他人知名商品特有的包装装潢，造成和他人的知名商品相混淆，使购买者误

认为是该知名商品的

B. 擅自使用他人的企业名称或者姓名，引人误认为是他人的商品

C. 因清偿债务、转产、歇业以低于成本的价格销售商品

D. 利用广告对商品质量作引人误解的虚假宣传

【答案】A B D

【知识点】不正当竞争的概念和种类

【解析】《反不正当竞争法》第五条规定，经营者不得采用下列不正当手段从事市场交易，损害竞争对手：（一）假冒他人的注册商标；（二）擅自使用知名商品特有的名称、包装、装潢，或者使用与知名商品近似的名称、包装、装潢，造成和他人的知名商品相混淆，使购买者误认为是该知名商品；（三）擅自使用他人的企业名称或者姓名，引人误认为是他人的商品；（四）在商品上伪造或者冒用认证标志、名优标志等质量标志，伪造产地，对商品质量作引人误解的虚假表示。因此，选项A、B的说法正确。《反不正当竞争法》第十一条规定，经营者不得以排挤竞争对手为目的，以低于成本的价格销售商品。有下列情形之一的，不属于不正当竞争行为：（一）销售鲜活商品；（二）处理有效期限即将到期的商品或者其他积压的商品；（三）季节性降价；（四）因清偿债务、转产、歇业降价销售商品。因此，选项C的说法错误。《反不正当竞争法》第九条规定，经营者不得利用广告或者其他方法，对商品的质量、制作成分、性能、用途、生产者、有效期限、产地等作引人误解的虚假宣传。因此，选项D的说法正确。

综上，本题正确答案为：A、B、D。

93. 根据反不正当竞争法及相关规定，下列哪些属于侵犯他人商业秘密的行为？

A. 以盗窃手段获取他人商业秘密

B. 披露以胁迫手段获取的他人商业秘密

C. 通过反向工程获得他人的技术秘密

D. 违反权利人有关保守商业秘密的要求，披露其掌握的商业秘密

【答案】A B D

【知识点】商业秘密的保护

【解析】《反不正当竞争法》第十条第一款规定，经营者不得采用下列手段侵犯商业秘密：（一）以盗窃、利诱、胁迫或者其他不正当手段获取权利人的商业秘密；（二）披露、使用或者允许他人使用以前项手段获取的权利人的商业秘密；（三）违反约定或者违反权利人有关保守商业秘密的要求，披露、使用或者允许他人使用其所掌握的商业秘密。选项A、B、D属于上述条款第（一）项、第（二）项、第（三）项规定的行为，属于侵犯他人商业秘密的行为。因此，选项A、B、D的说法正确。《最高人民法院关于审理不正当竞争民事案件应用法律若干问题的解释》第十二条第一款规定，通过自行开发研制或者反向工程等方式获得的商业秘密，不认定为反不正当竞争法第十条第（一）、（二）项规定的侵犯商业秘密行为。选项C的行为不属于侵犯他人商业秘密，因此，选项C的说法错误。

综上，本题正确答案为：A、B、D。

94. 根据植物新品种保护条例的规定，下列哪些说法是正确的？
    A. 执行本单位的任务所完成的职务育种，植物新品种的申请权属于该单位
    B. 主要是利用本单位的物质条件所完成的职务育种，植物新品种的申请权属于完成育种的个人
    C. 委托育种并且没有合同约定的，品种权属于委托人
    D. 合作育种并且没有合同约定的，品种权属于共同完成育种的单位或者个人

【答案】A D
【知识点】品种权的主体
【解析】《植物新品种保护条例》第七条第一款规定，执行本单位的任务或者主要是利用本单位的物质条件所完成的职务育种，植物新品种的申请权属于该单位；非职务育种，植物新品种的申请权属于完成育种的个人。申请被批准后，品种权属于申请人。因此，选项 A 的说法正确，选项 B 的说法错误。《植物新品种保护条例》第七条第二款规定，委托育种或者合作育种，品种权的归属由当事人在合同中约定；没有合同约定的，品种权属于受委托完成或者共同完成育种的单位或者个人。因此，选项 C 的说法错误，选项 D 的说法正确。

综上，本题正确答案为：A、D。

95. 根据集成电路布图设计保护条例的规定，下列哪些说法是正确的？
    A. 受保护的集成电路布图设计应当具有独创性
    B. 受保护的集成电路布图设计应当具有美感
    C. 对集成电路布图设计的保护不延及思想、处理过程、操作方法或者数学概念
    D. 国务院知识产权行政部门负责布图设计专有权的管理工作

【答案】A C D
【知识点】集成电路布图设计专有权的取得
【解析】《集成电路布图设计保护条例》第四条规定，受保护的布图设计应当具有独创性，即该布图设计是创作者自己的智力劳动成果，并且在其创作时该布图设计在布图设计创作者和集成电路制造者中不是公认的常规设计。因此，选项 A 的说法正确，选项 B 的说法错误。《集成电路布图设计保护条例》第五条规定，该条例对布图设计的保护不延及思想、处理过程、操作方法或者数学概念等。因此，选项 C 的说法正确。《集成电路布图设计保护条例》第六条规定，国务院知识产权行政部门依照该条例的规定，负责布图设计专有权的有关管理工作。因此，选项 D 的说法正确。

综上，本题正确答案为：A、C、D。

96. 根据《保护工业产权巴黎公约》的规定，下列关于专利的独立性的哪些说法是正确的？
    A. 本联盟国家的国民向本联盟各国申请的专利，与在其他国家，不论是否本联盟的成员

国，就同一发明所取得的专利是相互独立的

B. 本联盟国家的国民在优先权期间内申请的各项专利，就其无效和丧失权利的理由以及其正常的期间而言，是相互独立的

C. 在公约生效之前已经存在的专利在专利保护期内与本联盟其他国家的专利之间可以是相互影响的

D. 在本联盟各国，因享有优先权的利益而取得的专利的期限，与没有优先权的利益而申请或授予的专利的期限相同

【答案】ABD

【知识点】《保护工业产权巴黎公约》专利的独立性

【解析】《保护工业产权巴黎公约》第四条之二规定，（1）本联盟国家的国民向本联盟各国申请的专利，与其他国家，不论是否本联盟的成员国，就同一发明所取得的专利是相互独立的。（2）上述规定，应从不受限制的意义来理解，特别是指在优先权期间内申请的各项专利，就其无效和丧失权利的理由以及其正常的期间而言，是相互独立的。（3）本规定应适用于在其开始生效时已经存在的一切专利。（4）在有新国家加入的情况下，本规定应同样适用于加入时各方面已经存在的专利。（5）在本联盟各国，因享有优先权的利益而取得的专利的期限，与没有优先权的利益而申请或授予的专利的期限相同。根据上述第（1）项的规定，选项A、B的说法正确；根据上述第（3）项的规定，选项C的说法是错误的；根据上述第（5）项的规定，选项D的说法是正确的。

综上，本题正确答案为：A、B、D。

97. 根据《保护工业产权巴黎公约》的规定，下列关于强制许可的哪些说法是正确的？

A. 本联盟各国都有权采取立法措施规定授予强制许可，以防止由于行使专利所赋予的专有权而可能产生的滥用

B. 除强制许可的授予不足以防止由于行使专利所赋予的专有权而可能产生的滥用外，不应规定专利的取消

C. 自授予第一个强制许可之日起两年届满前不得提起取消或撤销专利的诉讼

D. 自提出专利申请之日起四年届满以前，或自授予专利之日起三年届满以前，以后满期的期间为准，不得以不实施或不充分实施为理由申请强制许可

【答案】ABCD

【知识点】《保护工业产权巴黎公约》关于强制许可的规定

【解析】《保护工业产权巴黎公约》第五条A（2）规定，本联盟各国都有权采取立法措施规定授予强制许可，以防止由于行使专利所赋予的专有权而可能产生的滥用，例如：不实施。选项A的说法正确。《保护工业产权巴黎公约》第五条A（3）规定，除强制许可的授予不足以防止上述滥用外，不应规定专利的取消。自授予第一个专利强制许可之日起两年届满前不得提起取消或撤消专利的诉讼。因此，选项B、C的说法正确。《保护工业产权巴黎公约》第五条A（4）规定，自提出专利申请之日起四年届满以前，或自授予专利之日起三

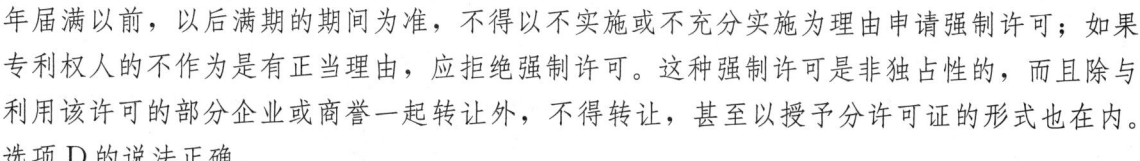

年届满以前，以后满期的期间为准，不得以不实施或不充分实施为理由申请强制许可；如果专利权人的不作为是有正当理由，应拒绝强制许可。这种强制许可是非独占性的，而且除与利用该许可的部分企业或商誉一起转让外，不得转让，甚至以授予分许可证的形式也在内。选项 D 的说法正确。

综上，本题正确答案为：A、B、C、D。

98. 根据《与贸易有关的知识产权协定》的规定，下列关于商标注册的哪些说法是正确的？
   A. 任何标记或标记的组合，能将一企业的商品或服务与其他企业的商品或服务区别开来的，就能构成商标
   B. 如果标记缺乏区别有关商品或服务的固有能力，各成员可以将该标记可否注册取决于使用后所获得的显著性
   C. 各成员可以将商标的实际使用作为提交注册申请的条件
   D. 各成员可以要求将视觉可以感知的标记作为注册的条件

【答案】A B D

【知识点】《保护工业产权巴黎公约》关于商标的规定

【解析】《与贸易有关的知识产权协定》第15条第1款规定，任何标记或标记的组合，能将一企业的商品或服务与其他企业的商品或服务区别开来的，就能构成商标。……如果标记缺乏区别有关商品或服务的固有能力，各成员可以将标记可否注册取决于使用后所获得的显著性。各成员可以要求将视觉可以感知的标记作为注册的条件。因此，选项 A、B、D 的说法正确。《与贸易有关的知识产权协定》第15条第3款规定，各成员可以将可否注册取决于使用。然而，不应将商标的实际使用作为提交注册申请的条件。一项申请不应仅仅由于商标的意图使用在申请日起3年期间届满以前没有实现而予以拒绝。因此，选项 C 的说法错误。

综上，本题正确答案为：A、B、D。

99. 根据《与贸易有关的知识产权协定》的规定，下列哪些说法是正确的？
   A. 商标首次注册的期间不应少于7年
   B. 商标注册的每次续展的期间不应少于7年
   C. 商标的注册可以无限制地续展
   D. 工业品外观设计可享有的保护期间至少为10年

【答案】A B C D

【知识点】商标的保护期限、工业品外观设计的保护期限

【解析】《与贸易有关的知识产权协定》第18条规定，商标的首次注册和注册的每次续展的期间不应少于7年。商标的注册可以无限制地续展。因此，选项 A、B、C 的说法正确。根据《与贸易有关的知识产权协定》第26条第3款的规定，工业品外观设计可享有的保护期间至少为10年。因此，选项 D 的说法正确。

综上，本题正确答案为：A、B、C、D。

100. 根据《与贸易有关的知识产权协定》的规定，下列关于工业品外观设计的哪些说法是正确的？

    A. 各成员应当规定保护独立创作而且是新颖的或者原创的工业品外观设计

    B. 各成员可以规定，外观设计如果与已知的外观设计或者已知的外观设计特征的组合没有显著区别的，即不是新颖的或者原创的外观设计

    C. 各成员可以规定，工业品外观设计的保护不应延及主要是根据技术或功能的考虑而作出的外观设计

    D. 受保护的工业品外观设计的所有人，应当有权制止第三方未得所有人同意而为商业目的制造、销售或进口载有或体现受保护的外观设计的复制品或实质上是复制品的物品

【答案】A B C D
【知识点】工业品外观设计
【解析】《与贸易有关的知识产权协定》第25条第1款规定，各成员应当规定保护独立创作而且是新颖的或者原创的工业品外观设计。各成员可以规定，外观设计如果与已知的外观设计或者已知的外观设计特征的组合没有显著区别的，即不是新颖的或者原创的外观设计。各成员可以规定，这种保护不应延及主要是根据技术或功能的考虑而作出的外观设计。因此，选项A、B、C的说法正确。《与贸易有关的知识产权协定》第26条第1款规定，受保护的工业品外观设计的所有人，应当有权制止第三方未得所有人同意而为商业目的制造、销售或进口载有或体现受保护的外观设计的复制品或实质上是复制品的物品。因此，选项D的说法正确。

综上，本题正确答案为：A、B、C、D。

# 专利代理实务

2017 年全国专利代理人资格考试

专利代理实务考试试卷

国家知识产权局
专利代理人考核委员会监制
2017 年 11 月

**答题须知**

1. 答题时请以现行、有效的法律和法规的规定为准。

2. 作为考试，应试者在完成题目时应当接受并仅限于本试卷所提供的事实，并且无需考虑素材的真实性、有效性问题。

3. 本专利代理实务试题包括第一题、第二题、第三题和第四题，满分150分。

应试者应当将各题答案按顺序清楚地撰写在相对应的答题区域内。

**试题说明**

客户 A 公司向你所在代理机构提供了自行撰写的申请材料（包括说明书 1 份、权利要求书 1 份）、以及检索到的 2 篇对比文件。现委托你所在的代理机构为其提供咨询意见并具体办理专利申请事务。

**第一题**：请你撰写提交给客户的信函，为客户逐一解释其自行撰写的权利要求书是否符合专利法及其实施细则的规定并说明理由。

**第二题**：请你根据《专利法实施细则》第十七条的规定，依据检索到的对比文件，说明客户自行撰写的说明书中哪些部分需要修改并对需要修改之处予以说明。

**第三题**：请你综合考虑对比文件 1 及对比文件 2 所反映的现有技术，为客户撰写发明专利申请的权利要求书。

**第四题**：请你根据"三步法"陈述所撰写的独立权利要求相对于现有技术具备创造性的理由。

## 附件1（客户自行撰写的说明书）：

**背景技术**

图1示出了现有起钉锤的立体图，起钉锤大致为英文字母"T"的形状，包括把手2和锤头组件3。锤头组件3包括锤头31和起钉翼32。所述起钉翼32呈弯曲双叉形爪，并在中部形成"V"形缺口。起钉时，起钉翼32的缺口用于卡住钉子的边缘，以锤头组件3的中部作为支点，沿着方向A扳动把手2，弯曲双叉形爪与把手2一起用于在拔出钉子时通过杠杆作用将钉子拔出。

现有的起钉锤在起钉子时是通过锤头组件的中部作为支点，由于支点和起钉翼的距离有限，要拔起较长的钉子时，往往起到一定程度就无法再往上拔了，只好无奈地再找辅助工具垫高支点才能继续往上拔，费时费力。

**发明内容**

本发明提供一种起钉锤，包括锤头组件和把手，其特征在于所述锤头组件一端设置有起钉翼，另一端设置有锤头，所述锤头组件的中间位置具有支撑部。

**具体实施方式**

图2示出了本发明的第一实施例。如图所示，该起钉锤的锤头组件3顶部中间向外突出形成支撑部4，用于作为起钉的支点。这种结构的起钉锤增大了起钉支点的距离，使得起钉，尤其是起长钉，更加方便。

图3示出了本发明的第二实施例。如图所示，该起钉锤的锤头组件3上设置有一个调节螺杆51，通过该调节螺杆51作为调节结构，可以调节起钉支点的高度。该起钉锤的具体结构是：把手2的一端与锤头组件3固定连接，锤头组件3远离把手2的一端设有沿把手2长度方向开设的螺纹槽，其内设有内螺纹。调节螺杆51上设有外螺纹，其一端螺接于螺纹槽中并可从螺纹槽中旋进旋出，另一端固定有支撑部4。支撑部4可以是半球形等各种形状，优选的为板状并且两端具有弧形支撑面，这样可以增大支点的接触面积，避免支点对钉有钉子的物品造成损坏，同时可增加起钉时的稳定性。

使用时，可根据需要将调节螺杆51旋出一定长度，从而调节起钉支点的高度，以便能够轻松地拔起各种长度的钉子，适用范围广。不拔钉子时，可将调节螺杆旋进去隐蔽起来，不占任何空间，与普通的起钉锤外观相差无几，美观效果好。

图4示出了第二实施例的一个变型，作为本申请的第三实施例。如图所示，起钉锤包括锤头组件3、把手2、支撑部4和调节螺杆52。锤头组件3上设有贯穿的通孔，通孔内设有与调节螺杆52配合使用的螺纹。调节螺杆52通过通孔贯穿锤头组件3，并与锤头组件3螺纹连接。在

调节螺杆 52 穿过锤头组件 3 的顶部固定支撑部 4。所述调节螺杆 52 基本与把手平行设置,在把手 2 的中上部设置一个固定支架 7,调节螺杆 52 可在固定支架 7 内活动穿过。调节螺杆 52 的底部设有调节控制钮 61。调节螺杆 52 的长度比把手 2 的长度短,以方便手部抓握把手。

在该实施例中,虽然调节螺杆 52 也是设置在锤头组件 3 上,但是由于其贯穿锤头组件 3,使得支撑部 4 和调节控制钮 61 分别位于锤头组件 3 的两侧,这样在使用过程中,在将钉子拔起到一定程度后,使用者可以旋转调节控制钮 61,使得支撑部 4 离开锤头组件 3 的表面升起一定的距离,继续进行后续操作,直至将钉子拔出。这种结构的起钉锤能够根据具体情况,随时调节支撑部的位置,不仅使得起钉锤起钉子的范围大大增加,而且可以一边进行起钉操作,一边进行支点调整,更加省时省力。

图 5 示出了本发明的第四实施例,在该实施例中,调节螺杆设置于把手上。如图 5 所示,起钉锤包括锤头组件 3、把手 2、支撑部 4 和调节螺杆 53。锤头组件 3 的中部具有一个贯穿的通孔,通孔内固定设置把手 2。把手 2 是中空的,调节螺杆 53 贯穿其中。把手 2 的中空内表面设置有与调节螺杆 53 配合使用的内螺纹,这样调节螺杆 53 可在把手 2 内旋进旋出。调节螺杆 53 靠近锤头组件 3 的一端固定支撑部 4,另一端具有一个调节控制钮 62。调节螺杆 53 的长度比把手 2 的长度长。

使用时,可以通过旋转调节控制钮 62 来调节支撑部 4 伸出的距离,从而调节起钉支点的高度。

应当注意的是,虽然在本申请的实施例二到实施例四中,调节支撑部高度的装置均采用调节螺杆,但是在不偏离本发明实质内容的基础上,其它具有锁定功能的可伸缩调节机构,例如具有多个卡位的卡扣连接结构、具有锁定装置的齿条传动结构等都可以作为调节装置应用于本发明。

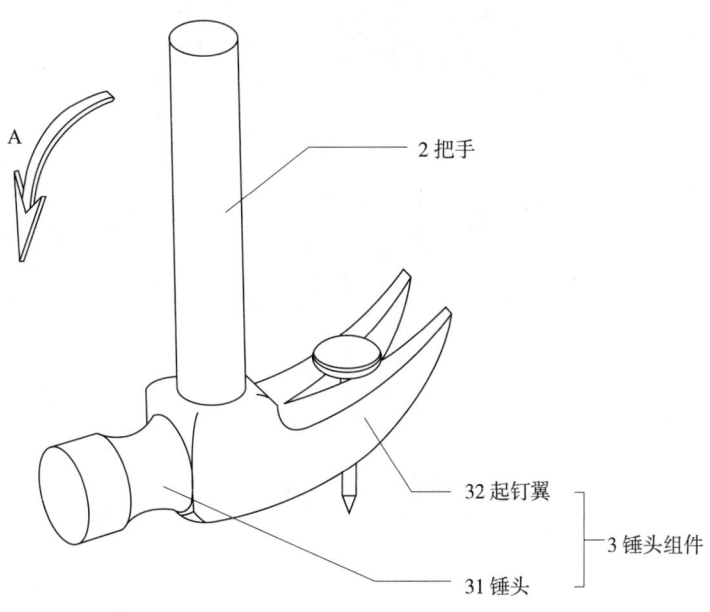

**图 1 背景技术**

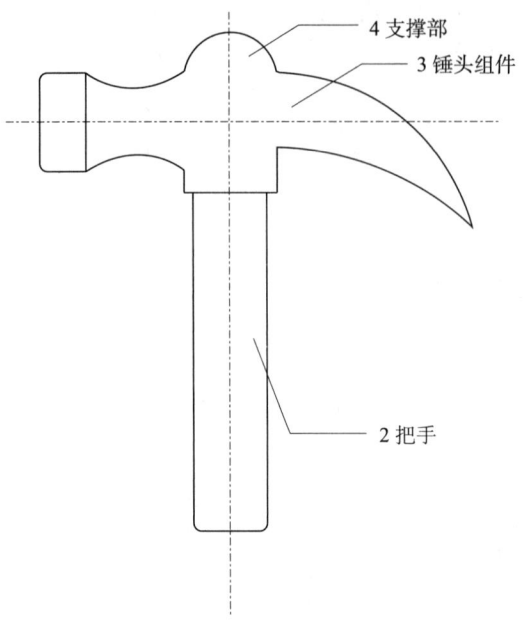

图 2　第一实施例

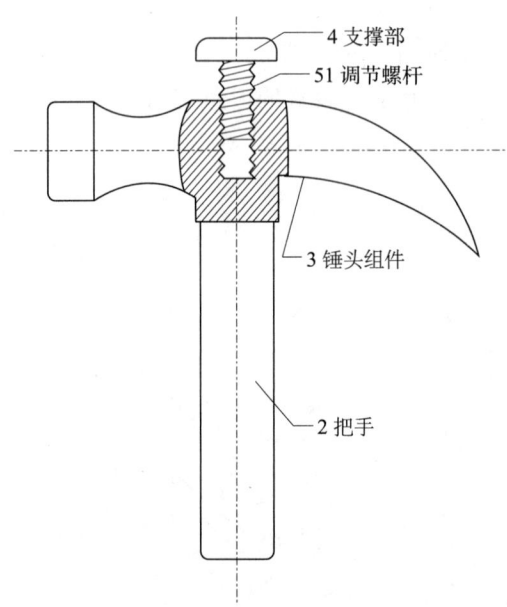

图 3　第二实施例

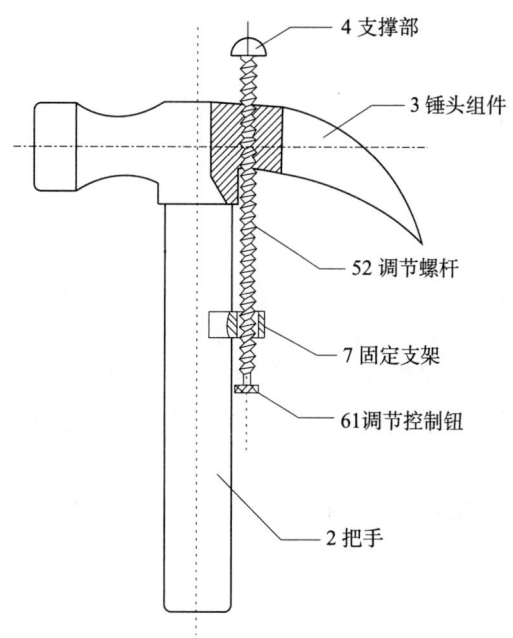

图 4　第三实施例

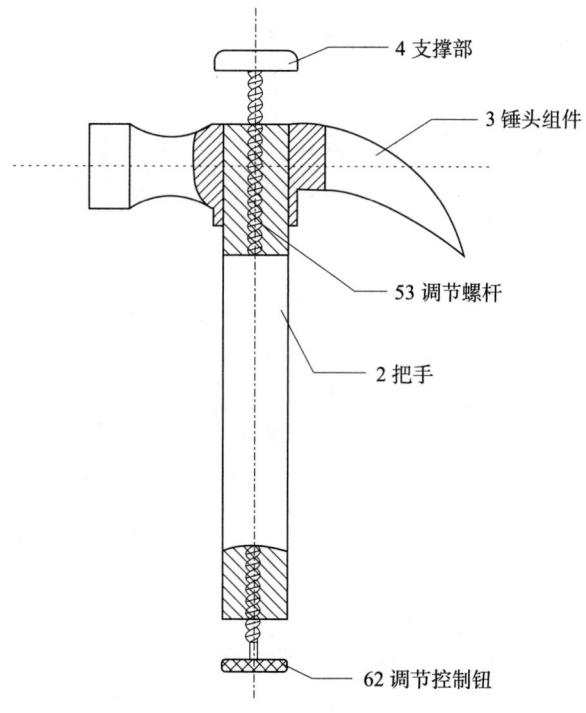

图 5　第四实施例

**附件 2（客户撰写的权利要求书）：**

1. 一种起钉锤，包括锤头组件和把手，其特征在于所述锤头组件一端设置有起钉翼，另一端设置有锤头，所述锤头组件的顶部中间位置具有支撑部。

2. 如权利要求 1 所述的起钉锤，其特征在于所述支撑部由锤头组件顶部中间向外突出的部分构成。

3. 如权利要求 1 或 2 所述的起钉锤，其特征在于所述支撑部的高度可以调节。

4. 如权利要求 3 所述的起钉锤，其特征在于所述把手为中空的，内设调节装置，所述调节装置与锤头组件螺纹连接。

5. 如权利要求 1 所述的起钉锤，其特征在于所述支撑部为板状，其两端具有弧形支撑面。

附件3（对比文件1）：

[19] 中华人民共和国国家知识产权局

[12] 实用新型专利

[45] 授权公告日 2017年5月9日

[21] 申请号 201620123456.5
[22] 申请日 2016年8月22日
[73] 专利权人 赵××　　　　　　　　　　　　（其余著录项目略）

## 说 明 书

### 一种多功能起钉锤

**技术领域**

本实用新型涉及手工工具领域，尤其涉及一种多功能起钉锤。

**背景技术**

目前，人们使用的起钉锤如图1所示包括锤柄，锤柄一端设置起钉锤头，起钉锤头的一侧是榔头，另一侧的尖角处有倒脚，用于起钉操作。起钉锤头的顶部中央向外突出形成支撑柱，设置支撑柱是为了增加起钉高度，使需要拔出的钉子能够完全被拔出。起钉锤是一种常见的手工工具，但作用单一，使用率低下，闲置时又占空间。

**实用新型内容**

本实用新型的目的在于解决上述问题，使起钉锤有开瓶器的作用，在起钉锤闲置不用时，可以作为开瓶器使用，提高使用率。

为达到上述目的，具体方案如下：

一种多功能起钉锤，包括一锤柄，一起钉锤头，所述起钉锤头固定于锤柄顶部。

优选的，所述锤柄底部有塑胶防滑把手。

优选的，所述起钉锤头的榔头一侧中间挖空，呈普通开瓶器状。

**附图说明**

图1是本实用新型的多功能起钉锤的示意图。

**具体实施方式**

如图1所示，一种多功能起钉锤，包括锤柄20，起钉锤头30，所述起钉锤头30的榔头一侧310中间挖空，呈普通开瓶器状，起钉锤头30另一侧尖角处有倒脚，用于起钉操作。起钉锤头

30固定于锤柄20顶部。优选的,所述锤柄20底部有塑胶防滑把手40。本实用新型可以提高起钉锤的使用率,起钉锤头30的榔头一侧310内部挖空形成开瓶器口,开瓶时只需将挖空部分里侧对准瓶口翘起即可,使用方便,且整体结构简单,制作方便。

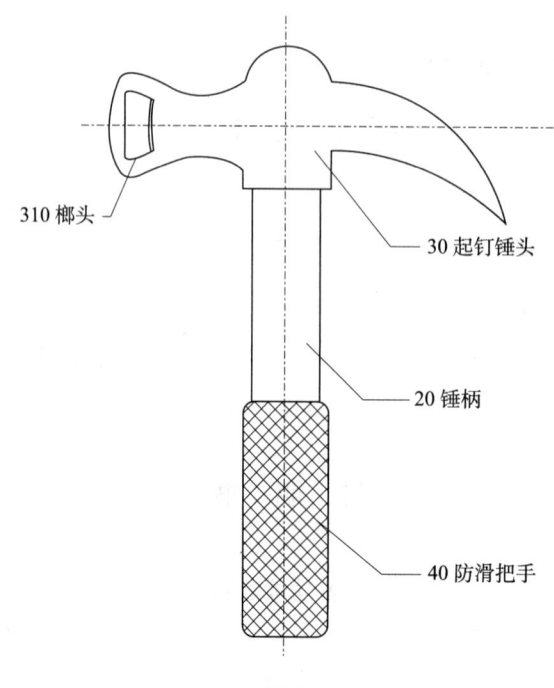

**图1**

附件4（对比文件2）：

[19] 中华人民共和国国家知识产权局

[12] 实用新型专利

[45] 授权公告日 2017年9月27日

[21] 申请号 201720789117.7
[22] 申请日 2017年4月4日
[73] 专利权人 孙××

（其余著录项目略）

## 说 明 书

### 一种新型起钉锤

**技术领域**

本实用新型涉及一种起钉锤。

**背景技术**

在日常生活中，羊角起钉锤是一种非常实用的工具。羊角起钉锤一般由锤头和锤柄组成，其锤头具有两个功能，一是用来钉钉子，二是用来起钉子。现有的起钉锤在起钉子时是通过锤头的中部作为支点，受力支点与力臂长度是固定的，当钉子拔到一定高度后，由于羊角锤的长度有限，受力支点不能良好起作用，力矩太小，导致很长的钉子很难拔出来。

**实用新型内容**

为了克服现有羊角起钉锤的不足，本实用新型提供一种锤身长度可以加长的起钉锤，该起钉锤不仅能克服很长的钉子无法拔出来的不足，而且使用更加省力、方便、快捷。

**附图说明**

图1是本实用新型起钉锤的结构示意图。

**具体实施方式**

如图1所示，该起钉锤包括锤柄200、锤体300和长度附加头500。锤体300一端设置有锤头，另一端设置有起钉翼。

长度附加头500为一圆柱形附加头，其直径与锤头直径相同。所述长度附加头500与锤体300的锤头采用卡扣的方式连接在一起。使用时，如果需要起长钉，则将长度附加头500安装在锤体300上，从而增加起钉锤的锤身长度。

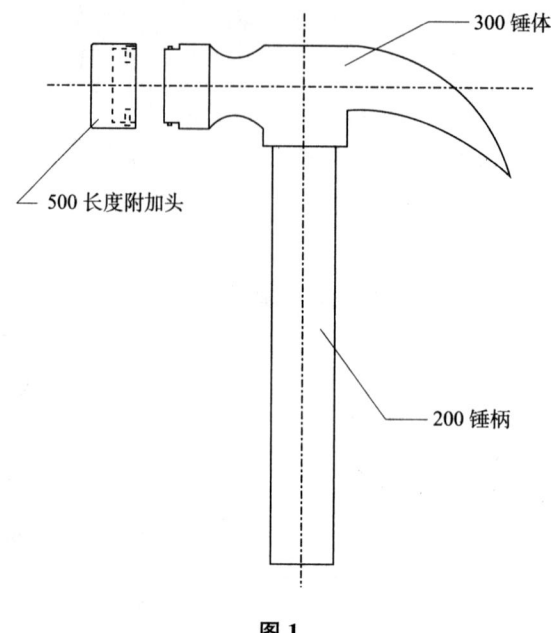

图 1

# 2017年专利代理实务题
## 答题要点及参考答案

## 一、总体考虑

2017年专利代理实务考试试题包括四道题目，其中，第一题要求考生撰写提交给客户的信函，向客户说明其自行撰写的权利要求书是否符合《专利法》及《专利法实施细则》的相关规定并说明理由。该题重点考查考生对于专利代理实务中经常涉及的几个基本法律概念的掌握程度和理解运用能力。第二题要求考生说明客户自行撰写的说明书中哪些部分需要修改并对需要修改之处予以说明。说明书是申请发明或实用新型的基本文件，是决定申请文件质量的基础。逻辑清楚、结构严谨、层次分明的说明书不仅有助于公众充分了解申请内容，也是决定权利要求保护范围的依据。该题目一方面要求考生了解《专利法实施细则》第十七条规定的说明书构成的各个部分以及各部分的撰写要求，另一方面考生也需要具备根据提供的对比文件总结归纳申请文件的发明背景、发明目的以及技术效果的能力。第三题要求考生重新撰写权利要求书，这是专利代理实务考试中最基本的形式，主要考查考生撰写权利要求书的基本技巧，要求在满足《专利法》及《专利法实施细则》有关规定的前提下，撰写出最大保护范围的独立权利要求，并规划出符合逻辑、结构递进的从属权利要求，最大程度地对申请文件中的内容进行保护。第四题要求考生通过对对比文件的分析，利用"三步法"陈述其撰写的独立权利要求具备创造性的理由。该题不仅要求考生熟练掌握创造性的判断方法，也反映了考生对现有技术的理解和对申请文件所涉及的技术内容的分析判断能力。

## 二、撰写信函

2017年专利代理实务考试的第一题要求考生根据题目给出的资料，为客户逐一解释其自行撰写的权利要求书是否符合《专利法》及其实施细则的规定并说明理由。题目中共给出三份资料：包括客户自行撰写的申请文件以及客户提供的对比文件1及对比文件2。

在撰写信函之前，需要认真阅读题目中给出的三份素材，全面了解申请文件以及所有对比文件的相关内容，并按照以下思路和步骤进行分析。

### （一）分析客户撰写的权利要求书是否存在新颖性和创造性问题

本试题中，对比文件1和对比文件2均为已经公开的专利文献，都构成本申请的现有技术。进一步分析对比文件1和对比文件2公开的内容，对比文件1的发明目的虽然是提供一种兼具开瓶功能的多功能起钉锤，但是在其背景技术部分公开了起钉锤头的顶部中央向外突出形成支撑柱，并且明确了设置支撑柱的目的是增加起钉高度，使需要拔出的钉子能够完全被拔出，因此其背景技术部分公开的内容与权利要求1、2所要求保护的技术方案的发明目的、采用的技术手段以及达到的技术效果均是相同的，因此权利要求1、2相对于对比文件1不具备新颖性。

但是，对比文件1背景技术部分公开的顶部中央向外突出形成的支撑柱与起钉锤头是一体成型的，其起钉柱高度是固定的，不能被调节，因此对比文件1没有公开权利要求3的附加技术特征。

对比文件2公开了一种锤身长度可以加长的起钉锤，虽然根据其背景技术部分的描述，对比文件2所要解决的技术问题也是起钉锤在起钉过程中由于受力支点与力臂长度是固定的，当钉子拔到一定高度后，受力支点不能良好起作用，力矩太小，导致很长的钉子很难拔出来，但是其采用的解决方案是将锤身加长，与本申请中在锤头组件的顶部中央设置支撑部从而提高支撑部高度的解决方案是不同的。而且对比文件2通过卡扣的方式装卸圆柱形长度附加头亦不能实现锤身长度的自由调节。

因此，对比文件1和对比文件2均未能公开权利要求3的附加技术特征，二者在解决所面临的技术问题时采用了不同的技术手段，二者之间没有结合的技术启示，因此目前的证据尚不能破坏权利要求3的创造性。

而且，对比文件1和对比文件2中也都没有公开板状支撑部的技术特征，因此目前的证据也不能破坏权利要求5的创造性。

综上，对比文件1、对比文件2或其结合均不能影响权利要求3～5的新颖性和创造性。

### （二）分析权利要求书中存在的其他问题

权利要求3引用权利要求2的技术方案不清楚，不符合《专利法》第二十六条第四款的规定。权利要求4没有以说明书为依据，不符合《专利法》第二十六条第四款的规定。权利要求3与权利要求5没有单一性，不符合《专利法》第三十一条第一款的规定。这里提醒考生注意的是：在专利代理实务中，如果在判断出独立权利要求不具备新颖性或创造性的情况下，需要注意从属权利要求之间的单一性问题，并且要在修改中注意克服该缺陷。

### （三）准备咨询信函的撰写

在前述分析的基础上，着手撰写咨询信函。咨询意见的撰写应当条理清楚、说理充分、行文流畅。

**第一题参考答案**

尊敬的A公司：

很高兴贵方委托我代理机构代为办理有关新型起钉锤的专利申请案，经经细阅读技术交底材料、技术人员撰写的权利要求书以及现有技术，我方认为贵公司技术人员所撰写的权利要求书存在一些不符合《专利法》和《专利法实施细则》之处，将会影响本发明专利申请的顺利授权，现逐一指出。

1. 权利要求1不具备新颖性，不符合《专利法》第二十二条第二款的规定。

权利要求1要求保护一种起钉锤，对比文件1中公开了一种多功能起钉锤，并具体公开了以下技术特征：一种多功能起钉锤，包括锤柄20，锤柄一端设置起钉锤头30，所述锤头30的一侧是榔头，锤头30另一侧尖角处有倒脚，用于起钉操作。起钉锤头的顶部中央向外突出形成支撑柱，设置支撑柱是为了增加起钉高度，使需要拔出的钉子能够完全被拔出。由此可见，对比文件1已经公开了权利要求1所要求保护的技术方案的全部技术特征，二者采用了相同的技术方案，并且它们都属于新型起钉锤这一相同的技术领域，都解决了便于起钉锤拔出长钉的技术问题，并能达到相同的技术效果。因此，权利要求1相对于对比文件1不具备新颖性，不符合《专利法》第二十二条第二款的规定。

2. 权利要求2不具备新颖性，不符合《专利法》第二十二条第二款的规定。

权利要求2进一步限定了所述支撑部由锤头组件顶部中间向外突出的部分构成，对比文件1中已经公开了起钉锤头的顶部中央向外突出形成支撑柱，因此在其引用的独立权利要求1不具备新颖性的情况下，其从属权利要求2相对于对比文件1也不具备新颖性，不符合《专利法》第二十二条第二款的规定。

3. 权利要求3引用权利要求2的技术方案不清楚，不符合《专利法》第二十六条第四款的规定。

权利要求3进一步限定了支撑部的高度可以调节。但是其引用的权利要求2中的支撑部是由锤头组件顶部中间向外突出构成的，该部分是固定的，其高度不能调节，因此权利要求3引用权利要求2时，其限定部分与其引用部分存在矛盾，导致权利要求3引用权利要求2的技术方案保护范围是不清楚的，不符合《专利法》第二十六条第四款的规定。

4. 权利要求4没有以说明书为依据，不符合《专利法》第二十六条第四款的规定。

权利要求4限定了所述把手为中空的，内设调节装置，所述调节装置与锤头组件螺纹连接。根据说明书的记载，把手2是中空的，调节螺杆53贯穿其中。把手2的中空内表面设置有与调节螺杆53配合使用的内螺纹，这样调节螺杆53可在把手2内旋进旋出，即说明书中记载的是在调节螺杆与把手螺纹连接，而不是与锤头组件螺纹连接，权利要求所限定的技术方案与说明书的记载不一致，其没有以说明书为依据，不符合《专利法》第二十六条第四款的规定。

5. 权利要求3与权利要求5没有单一性，不符合《专利法》第三十一条第一款的规定。

根据目前掌握的对比文件，独立权利要求1没有新颖性，不符合《专利法》第二十二条第二款的规定。在独立权利要求1不具备新颖性或创造性的情况下，需要考虑从属权利要求之间是否符合单一性的规定。

权利要求3引用权利要求1的技术方案相对于现有技术作出贡献的技术特征为"所述支撑部的高度可以调节"从而使支撑部的高度适用于不同长度的钉子。

权利要求5相对于现有技术作出贡献的技术特征为"支撑部为板状，其两端具有弧形支撑面"，从而增大支点的接触面积，避免支点对钉有钉子的物品造成损坏，同时可增加起钉时的稳定性。

由此可见，两个权利要求对现有技术作出贡献的技术特征既不相同也不相应，彼此之间不属于一个总的发明构思，在技术上也无相互关联，从而两个权利要求之间并不包含相同或相应的特定技术特征，彼此之间不具备单一性，不符合《专利法》第三十一条第一款的规定。

综上所述，目前贵公司撰写的权利要求书存在较多问题，我方专利代理人将会与贵方积极沟通，在充分理解发明内容的基础上，结合对现有技术的检索、分析和对比，重新撰写权利要求书和说明书。

以上为咨询意见，供参考。

××专利代理公司×××<br>××年××月××日

## 三、分析说明书存在的问题

2017年专利代理实务考试的第二题要求考生根据《专利法实施细则》第十七条的规定，依据检索到的对比文件，说明客户自行撰写的说明书中哪些部分需要修改并对需要修改之处予以说明。此题考查考生对于说明书撰写的掌握程度。在答题时需要掌握下面两个方的内容：

（一）熟练掌握《专利法实施细则》第十七条对说明书的撰写要求

《专利法实施细则》第十七条规定：发明或者实用新型专利申请的说明书应当写明发明或者实用新型的名称，该名称应当与请求书中的名称一致。说明书应当包括下列内容：（一）技术领域：写明要求保护的技术方案所属的技术领域；（二）背景技术：写明对发明或者实用新型的理解、检索、审查有用的背景技术；有可能的，并引证反映这些背景技术的文件；（三）写明发明或者实用新型所要解决的技术问题以及解决其技术问题采用的技术方案，并对照现有技术写明发明或者实用新型的有益效果；（四）附图说明：说明书有附图的，对各幅附图作简略说明；（五）具体实施方式：详细写明申请人认为实现发明或者实用新型的优选方式；必要时，举例说明；有附图的，对照附图。

发明或者实用新型专利申请人应当按照前款规定的方式和顺序撰写说明书，并在说明书每一部分前面写明标题，除非其发明或者实用新型的性质用其他方式或者顺序撰写能节约说明书的篇幅并使他人能够准确理解其发明或者实用新型。

发明或者实用新型说明书应当用词规范、语句清楚，并不得使用"如权利要求……所述的……"一类的引用语，也不得使用商业性宣传用语。

发明专利申请包含一个或者多个核苷酸或者氨基酸序列的，说明书应当包括符合国务院专利行政部门规定的序列表。申请人应当将该序列表作为说明书的一个单独部分提交，并按照国务院专利行政部门的规定提交该序列表的计算机可读形式的副本。

由此可见，《专利法实施细则》第十七条规定了说明书应当写明主题名称，并应当包括技术领域、背景技术、发明内容、附图说明、具体实施方式五个部分，并且对上述五个部分的撰写要求，以及说明书中的用词规范等均进行了规定。考生只有熟练掌握上述要求，才能撰写出符合形式要求的说明书。

(二) 依据对比文件，对申请文件的内容进行分析

根据前述分析的内容，申请文件的第一实施例的内容已经被对比文件1公开，因此在重新撰写说明书时，背景技术、背景技术存在的技术问题、本申请为了克服上述技术问题所采用的技术方案以及有益的技术效果均发生了变化，需要考生根据申请文件记载的内容，对照检索到的对比文件进行分析判断。

申请文件中，第一实施例的支撑部高度是固定的，该内容在对比文件1中已经被公开，已经构成了现有技术，可以作为本申请后续实施例的背景技术使用。背景技术的技术方案存在的问题是支撑部高度无法进行调节，适用范围受到了限制。申请文件中的第二实施例至第四实施例均可以对支撑部的伸出高度进行调节，以满足不同长度的钉子的起钉需要，因此通过采用在支撑部的一端固定连接一个用于调节支撑部伸出锤头组件的高度的调节装置，就能够解决背景技术中存在的技术问题，并且能够实现调节支撑部高度，从而适用于不同长度的钉子的起钉需要的有益效果。

**第二题参考答案**

客户自行撰写的说明书中，需要修改的内容有：

一、发明名称

应当明确记载本申请的发明名称：一种起钉锤。

二、技术领域

应当写明要求保护的技术方案所属的技术领域。

本发明涉及一种五金工具，尤其涉及一种结构新颖的起钉锤。

三、背景技术

根据目前检索到的现有技术情况，本申请的第一实施例已经被对比文件1所公开，其已经构成了本申请的背景技术，因此应当将背景技术修改为锤头组件顶部中央向外突出形成支撑部的技术方案，并且应当分析背景技术存在的不足：虽然设置支撑柱能增加起钉高度，但是由于支撑柱的高度是固定的，而现实中钉子的长度是各种各样的，这种起钉锤不能适应不同长度的钉子，应用范围是受限制的。

四、发明内容

该部分中应当明确发明所要解决的技术问题、解决其技术问题所采用的技术方案，并对照现有技术写明发明的有益效果。

首先本申请所要解决的技术问题是现有技术中起钉锤的支撑部高度不能调节、

适应范围窄、不能起出不同长度的钉子的问题。

其次应当记载该申请的技术方案。

最后，应当阐明本申请与现有技术相比，优点（有益效果）在于可根据需要调节支撑部的高度，从而增大支点距离，适应不同长度钉子的需要。

五、附图说明

目前的说明书中缺少附图说明，应当写明各幅图的图名并作简要说明。

六、具体实施方式

目前的实施例一的技术方案已经被对比文件1所公开，其已经构成了现有技术，可以从申请文件中删除。

## 四、撰写权利要求书

2017年专利代理实务考试的第三题要求考生根据题目给出的素材为客户撰写发明专利申请的权利要求书。在撰写权利要求书时，考生应当认真阅读、全面了解技术交底材料和现有技术的相关内容，撰写出既符合《专利法》和《专利法实施细则》相关规定，又能最大化地维护客户利益的权利要求书。在答题时可以按照以下的思路和步骤进行。

（一）确定申请文件相对于现有技术所解决的技术问题

本试题中，对比文件1～2均构成了申请文件的现有技术。对比文件1虽然公开了设置支撑部，但支撑部高度不能调节，这种起钉锤不能适用于不同长度的钉子的起钉需求。对比文件2公开的是通过加长锤身长度来增大力矩，拔出较长钉子的技术方案，其与本申请通过提高支撑部高度方便起钉的技术方案不同，并且其通过卡扣方式连接锤头和圆柱形长度附加头的技术方案也不能实现锤身长度的自由调节。本申请的第二实施例至第四实施例均通过不同的调节装置对支撑部伸出锤头组件的高度进行调节，从而满足不同长度的钉子的起钉需要，解决了现有技术中存在的技术问题。

（二）确定独立权利要求的保护范围

独立权利要求应当从整体上反映发明的技术方案，记载解决技术问题的必要技术特征。为了达到使委托人的利益最大化的目标，考生不能简单地照抄申请文件中的实施方式，应当对其中的实施方式进行适当概括，以避免所撰写的权利要求的保护范围太小。

如前所述，与现有技术相比，申请文件中的第二实施例至第四实施例尽管涉及不同结构的调节装置，但是这三个实施例都是通过调节装置与支撑部固定连接，对支撑部伸出锤头组件的高度进行调节，因此可以确定撰写的独立权利要求的最大的保护范围。

而且，考生需要注意的是：虽然第二实施例至第四实施例都是通过调节螺杆来实现对支撑部的高度进行调节的，但是一方面，本申请的发明目的是实现支撑部高度可调节，因此在支撑部的一端固定连接一调节装置就可以实现上述发明目的，使之区别于背景技术部分支撑部高度不可调节的技术方案，因此调节螺杆不是本申请的必要技术特征，不能写入独立权利要求当中；另一方面，本申请除了公开了三个通过调节螺杆对支撑部高度进行调节的实施例，还明确记载了其他具有锁定功能的可伸缩调节机构，例如具有多个卡位的卡扣连接结构、具有锁定装置的齿条传动结构等都可以作为调节装置应用于本发明，因此将说明书中公开的各种调节机构概括成调节装置也能够得到说明书的支持。

(三) 根据实施例撰写适当数量的从属权利要求

为了形成较好的保护梯度，应当根据实施例的具体内容撰写从属权利要求。考生需要在正确全面理解申请材料的基础上，厘清思路，正确构架从属权利要求的结构和顺序。本申请中，第二实施例和第三实施例均将调节装置设置在锤头组件上，而第四实施例则将调节装置设置在了把手上，考生可以根据调节装置设置的位置不同撰写出结构递进的从属权利要求。

**第三题参考答案**

1. 一种起钉锤，包括锤头组件、把手和支撑部，把手固定在锤头组件上，锤头组件的一端设置有起钉翼，另一端设置有锤头，其特征在于所述起钉锤还包括调节装置，调节装置的一端与支撑部固定连接，用于调节支撑部伸出锤头组件的高度。

2. 如权利要求1所述的起钉锤，其特征在于所述调节装置是调节螺杆。

3. 如权利要求2所述的起钉锤，其特征在于所述调节螺杆与锤头组件螺纹连接。

4. 如权利要求3所述的起钉锤，其特征在于所述锤头组件上开设有螺纹槽，所述调节螺杆与所述螺纹槽螺纹连接。

5. 如权利要求3所述的起钉锤，其特征在于所述锤头组件上设置一个贯穿的孔，孔内设有螺纹，所述调节螺杆通过所述贯穿的孔与锤头组件螺纹连接。

6. 如权利要求5所述的起钉锤，其特征在于所述调节螺杆远离锤头组件的一端固定有调节控制钮。

7. 如权利要求5所述的起钉锤，其特征在于所述调节螺杆与把手平行设置，把手上设置有固定支架，所述螺杆可以在固定支架内活动穿过。

8. 如权利要求5~7任意一项权利要求所述的起钉锤，其特征在于所述调节螺杆的长度小于把手的长度。

9. 如权利要求2所述的起钉锤，其特征在于所述锤头组件上具有一个贯穿的孔，所述把手通过该孔固定在锤头组件上，所述调节螺杆与把手螺纹连接。

10. 如权利要求9所述的起钉锤，其特征在于所述把手是中空的，其内表面设置有螺纹，所述调节螺杆设置在中空把手内，并与中空把手螺纹连接。

11. 如权利要求10所述的起钉锤，其特征在于所述调节螺杆远离锤头组件的一端固定有调节控制钮。

12. 如权利要求9~11任意一项权利要求所述的起钉锤，其特征在于所述调节螺杆的长度大于把手的长度。

13. 如权利要求1所述的起钉锤，其特征在于所述支撑部为板状，两端具有弧形支撑面。

## 四、创造性分析

2017年专利代理实务考试的第四题要求考生根据"三步法"陈述所撰写的独立权利要求相对于现有技术具备创造性的理由。

创造性是专利代理人必须掌握的法律概念，"三步法"是创造性判断的重要原则，通过该道题目的设置，要求考生再次回顾本申请所要解决的技术问题，采用了怎样区别于现有技术的技术方案，并获得了怎样的有益效果，通过这样的回顾也有助于考生再次思考其撰写的独立权利要求的正确性。

**第四题参考答案**

权利要求1请求保护一种起钉锤，对比文件1作为最接近的现有技术，公开了一种多功能起钉锤，并具体公开了以下技术特征：一种多功能起钉锤，包括锤柄20，锤柄一端设置起钉锤头30，所述锤头30的一侧是榔头，锤头30另一侧尖角处有倒脚，用于起钉操作。起钉锤头的顶部中央向外突出形成支撑柱，设置支撑柱是为了增加起钉高度，使需要拔出的钉子能够完全被拔出，由此可见，权利要求1与对比文件1的区别在于，对比文件1没有公开调节装置，用于调节支撑部伸出锤头组件的高度，根据上述区别特征可以确定权利要求1实际解决的技术问题是如何实现起钉锤的支撑部高度可调节，从而使起钉锤适合起出不同长度的钉子，对比文件2公开了一种具有长度附加头的起钉锤，其虽然公开了起钉锤的长度可以加长，但是没有公开支撑部高度可以增加，也没有公开可以通过调节装置调节支撑部的高度，因此对比文件2没有公开上述区别特征，也没有给出将上述区别特征应用到对比文件1以解决其存在的技术问题的技术启示，因此对于本领域技术人员来说，权利要求1的技术方案是非显而易见的，而且权利要求1的技术方案通过调节装置，能够调整支撑部与起钉翼之间的距离，从而调整支点高度，适应不同长度的钉子，适用范围广，具有有益的技术效果，因此权利要求1具备突出的实质性和显著的进步，符合《专利法》第二十二条第三款的规定。